Die Pilgerreise des
Heinrich von Zedlitz
nach Jerusalem 1493

Die Pilgerreise des Heinrich von Zedlitz nach Jerusalem 1493

Nacherzählt von
Sigismund Freiherr von Zedlitz

Bergstadtverlag
Wilhelm Gottlieb Korn

Abbildung auf der vorderen Umschlagseite:
Ansicht von Jerusalem in Schedels Weltchronik
Abbildung auf der rückwärtigen Umschlagseite:
Wappen derer von Zedlitz (Zeichnung: Klaus Rudolph, Meschede)

Bildnachweis
Matthias Barth, Berlin: Farbabb. 2, 3
Jürgen Krüger, Karlsruhe: Farbabb. 9, 10, 11, 12, 13, 14, 15
Michael Losse, Marburg: Farbabb. 4, 5, 6, 7, 8
Universitätsbibl. Würzburg, Abt. Handschr. u. Alte Drucke: Farbabb. 1
Wikipedia: vordere Umschlagseite, S. 21
Michael Freiherr von Zedlitz: S. 25, 42, 46, 47, 52, 53, 54, 64
Sammlung Liegnitz, Wuppertal: Farbabb. 16

© 2010 by Bergstadtverlag
Wilhelm Gottlieb Korn
www.bergstadtverlag.de

Alle Rechte vorbehalten – Printed in Germany
Lektorat: Thomas Theise, Regensburg
Umschlaggestaltung, Layout und Satz: Martin Grundmann, Hamburg
Druck und Bindung: freiburger graphische betriebe
ISBN 978-3-87057-309-6

Vorwort

Mein Dank gilt dem Bergstadtverlag W. G. Korn für die Möglichkeit, diesen Bericht über eine spätmittelalterliche Pilgerfahrt ins Heilige Land zu veröffentlichen. Ich danke dem Lektor Thomas Theise für seine fachliche und redaktionelle Beratung und Aleksandra Boguth vom Verlagsbüro für die angenehmen Gespräche. Dr. Peter Pfarl in St. Wolfgang danke ich für seine ortskundigen Hinweise auf diesen mittelalterlichen Wallfahrtsort, meinem Sohn Michael für seine Illustrationen.

Ich hoffe, dass in einer Zeit, in der das Pilgern wieder entdeckt wird, dieser Bericht aus einer längst vergangenen Zeit den Lesern ebenso viel Freude macht wie mir selbst.

Ich widme dieses Büchlein meinen Kindern und Enkeln. Mögen sie erkennen, dass es sich lohnt, einmal in die Geschichte der eigenen Vorfahren hinabzusteigen.

Berlin, im Sommer 2010
Sigismund Freiherr von Zedlitz

Die Pilgerreise des Heinrich von Zedlitz nach Jerusalem 1493

Als man geschriebenn hot noch Christi Unnsers herrn Geburt
tausend Vierhundert und Neunzig unnd In den dritten Johr,
hab ich, Heinrich Czedlitz Ritter etc. vom Buchwald
mir fürgenohmen gegen Jherusalem zum heilig grabe zu zihenn.

Mit diesen Worten in recht unbekümmerter Ortho-
graphie beginnt der eigenhändige Tagebuchbericht des
schlesischen Ritters Heinrich von Zedlitz über seine
Wallfahrt ins Heilige Land im Jahre des Herrn 1493.

Es wird dem schlichten Edelmann aus dem Riesengebirge kaum bewusst gewesen sein, was für wichtige, ja
weltentscheidende Dinge sich gerade in diesem Jahre 1493
ereigneten: In Rom regierte seit einem Jahr Papst Alexan-
der VI. aus dem Hause Borgia. Das Heilige Römische
Reich Deutscher Nation wurde seit 53 Jahren von Kaiser Friedrich III. aus dem Hause Habsburg regiert. Ehe
er nach einer Beinamputation in Linz starb, unternahm
er noch eine Wallfahrt nach St. Wolfgang, wohin später
auch Ritter Heinrich ging. Den Thron bestieg Maximilian I., »der letzte Ritter«. In den vereinigten schlesischen
Herzogtümern Liegnitz und Brieg herrschte als Regentin Ludmilla, die junge Witwe Herzog Friedrichs I., für
ihre beiden unmündigen Söhne Friedrich und Georg. In
Breslau beendete man den Bau des Rathauses, das bis
heute als eines der schönsten in Europa gilt. Im April

kehrte der Genuese Christobal Colon von einer kühnen Seefahrt zurück und legte den Katholischen Königen das Land zu Füßen, das er am 12. Oktober 1492 als Erster betreten hatte: Amerika, wie es bald genannt wurde. Gerade ein Jahr war es her, dass dieses Königspaar siegreich in Granada eingezogen war, womit die Jahrhunderte während Herrschaft der Mauren auf der Iberischen Halbinsel beendet wurde. In Eisleben drückte ein zehnjähriger Bergmannssohn namens Martin Luther die Schulbank, und in Nürnberg machte ein junger Maler namens Albrecht Dürer erstmals von sich reden. In Mailand hatte Leonardo sein wohl berühmtestes Werk, das »Abendmahl«, noch nicht einmal begonnen, am schönen Wolfgangsee nahe Salzburg hingegen beendete Michael Pacher nach jahrelanger Arbeit seinen Marienaltar für die berühmte Wallfahrtskirche St. Wolfgang. Und just im gleichen Jahr 1493 veröffentlichte Hartmann Schedel in Nürnberg seine berühmte Weltchronik, in der er vieles beschreibt und abbildet, was auch Ritter Heinrich auf seiner Reise sehen und erleben wird.

Unser Chronist entstammte dem in Schlesien seit dem 13. Jahrhundert weit verbreiteten Geschlecht der Zedlitze. Er wurde um 1450 als drittes der sieben Kinder des Ritters Hans von Zedlitz und der Katharina geb. von Schindel aus dem Hause Tschischdorf geboren. Sein Elternhaus war die seit drei Generationen in zedlitzschem Besitz befindliche Wasserburg Buchwald im Riesengebirge. Schon früh trat er in die Dienste Herzog Friedrichs I. von Liegnitz und bewährte sich sowohl in den Abwehrkämpfen gegen die Türken als auch 1488 als Hauptmann der Haynauer Truppen im sogenannten Glogauer Erbfolgekrieg.

Nach Venedig unterwegs

Als Heinrich, damals wohlbestallter Schlosshauptmann auf der alten Piastenburg zu Liegnitz, 1493 den kühnen Entschluss, nach Jerusalem zu pilgern, in die Tat umsetzt, ist er ein begehrter Junggeselle in den besten Jahren. Er erbittet sich Urlaub von seiner Herzogin und bricht am 1. April 1493, begleitet von seinem treuen Diener Christof List und mehreren berittenen Knechten von Liegnitz aus auf. Es ist der Montag nach Palmsonntag. Die erste Etappe von etwa sechzig Kilometern – er schreibt *unnd sindt VII Meilen* – führt ihn zu seinem Elternhaus in Buchwald. Dort verabschiedet er sich von seiner betagten, schon seit zwanzig Jahren verwitweten Mutter, von seinem Bruder Hans und von seiner dort lebenden Schwester. Für »sich verabschieden« gebraucht er das Verb »sich segnen«, eine schöne alte Ausdrucksweise, die später in der Form »zegnać« – gesprochen: segnatsch – als Lehnwort in die polnische Sprache einging. Ende des 15. Jahrhunderts war eine Wallfahrt ins Heilige Land eine recht langwierige und vor allem gefahrvolle Unternehmung, bei welcher der mütterliche Segen sicher nicht schaden konnte.

Am 2. April überquert der kleine Tross den Kamm des Riesengebirges am Schmiedeberger Pass und gelangt bis Trautenau. Anno 1335 hatte Polenkönig Kasimir der Große im Vertrag von Trentschin »für ewige Zeiten« auf Schlesien verzichtet. Seither gehörte das Land zum Königreich Böhmen und damit zum Reich. Die spätere Grenze auf dem Anfang April sicher noch tief verschneiten Gebirgskamm bei den Grenzhäusern war damals ebenso bedeutungslos wie heute wieder im vereinten

Europa. Auch diese zweite Etappe misst fast fünfzig Kilometer. Mit solchen beachtlichen Tagesmärschen geht es nun in drei Wochen bis nach Venedig. Unter vierzig Kilometer bleibt kaum ein Tagesritt.

Am 3. April erreichen die Reiter Reichenau. Der nächste Tag ist der Gründonnerstag. Heinrich schreibt: *Item am grünen dornstage do habe ich meyne knechte wider heim lossen reithenn.* Nur den Christof List behielt er bei sich. Wir können annehmen, dass jeder sein Pferd hatte und dass ein drittes das Gepäck trug. In Zwittau, *am Car freytage*, nehmen Herr und Knecht am vormittäglichen *hailigen Ampt und Predigt* teil, danach geht es nach Lettowitz, wo bei einem mährischen Edelmann, dem *herrn von Czyrreher*, wahrscheinlich einem Herrn von Czernin, übernachtet wird. *Item am Ostertage bin ich zu Brin stille gelegen.* Heinrich gönnt also Mensch und Pferd am Ostersonntag in Brünn einen Ruhetag.

Auch wir wollen kurz innehalten und uns vorzustellen versuchen, unter welchen Umständen eine solche Wallfahrt vor fünfhundert Jahren vor sich ging. Es gab damals bereits einfache Routenkarten, auf denen zumindest die wichtigsten Straßen eingezeichnet waren. Um 1500 erscheint die erste Pilgerkarte, genannt »Romweg«. Doch dürfen wir uns diese Straßen nicht als Verkehrsadern im heutigen Sinne vorstellen. Bis ins 17. Jahrhundert kannte man in Europa außerhalb der Städte kein Steinpflaster. Die großartigen Römerstraßen waren nach dem Verfall des Römischen Reiches in Schlamm und Morast versunken. Statt auf Brücken überquerte man Flüsse auf Fähren oder durch Furten. Ritter Heinrich und sein Knecht Christof haben sich sicher, wie es sich für fromme Pilger geziemte, einen Bart wachsen lassen und sich unter Verzicht auf jegliche ſtandesgemäße Kleidung in lange, graue, von einem aufgenähten roten Kreuz geschmückte Kapuzenkutten gehüllt. Darunter tragen sie ein langes Hemd und im Reisesack weitere vier »Wamshemden«. Zur Ausrüſtung für das nächſte halbe Jahr gehören außer dem Knotenſtock für jeden ein weiteres langes Hemd und zwei Hüte mit breiter Krempe sowie vier Taschentücher, »daran sich einer den Schweiß abwischen kann, denn es iſt ſtickig schwül und gar heiß im Schiff«. Für unterwegs möge der Pilger, so wird ihm geraten, »eine Flasche, ein Tischtuch, ein Handtuch, einen Löffel und zwei zinnerne Schalen mitnehmen, aus einer zu essen, aus der andern zu trinken.« Und weiter: »Kauf zwei leinene Hosen, und dazu Stiefel bis an das Knie von ungeschmiertem Leder, das iſt schön kühl. Auch versieh dich mit guten Schuhen.« Die Liſte der Ratschläge iſt lang und würde hier zu weit führen, man kann aber wohl getroſt sagen, dass Herrn und Knecht keine Luxusreise erwartete und man hoffte, sich gut für alle Strapazen und Fährnisse gerüſtet zu haben.

Über Nikolsburg und Miſtelbach geht es am Oſtermontag nach Wolkersdorf zu *herrn Dobisch von Czyrnehow*, der seine Gäſte am Dienſtag bis Wien begleitet. 36 Jahre ſpäter wird sich Heinrichs Sohn Chriſtoph bei der Verteidigung der Stadt gegen Sultan Soliman und sein Türkenheer derart verdient machen, dass noch heute eine Straße im I. Wiener Bezirk seinen Namen trägt. Heinrich verzichtet seltsamerweise auf eine Besichtigung der Kaiserſtadt und reitet ohne Aufenthalt weiter über Wiener Neuſtadt und den Semmering auf der uralten Heerſtraße durch das Murtal nach Bruck, wo er am Weißen

Sonntag der Messe beiwohnt. Über St. Veit an der Glan erreicht er den Ossiacher See in Kärnten, an dem entlang er reitet, ohne von der schönen Landschaft zu berichten. Die Alpen scheinen dem Riesengebirgler keinen besonderen, nicht einmal einen bedrohlichen Eindruck gemacht zu haben, da er über sie kein Wort verliert. Überhaupt ist sein Tagebuch meist von erstaunlicher Nüchternheit und Sachlichkeit. Bis auf … doch dazu kommen wir später!

Bald hinter Villach kommen die Pilger am 18. April nach Pontafel (ital. Pontebba). Heinrich schreibt: *Item am dornstage bin ich von Villach gerithen gegen Pontafil, unnd sinndt VI meylen unnd leit in Welschlandt.* Ohne Aufenthalt geht es weiter über Venzone, Spedale, Gemona, San Daniele, Spilimbergo, San Vito und Sacile bis Conegliano – er schreibt *Koniglain* –, das unsere beiden Pilger am Sonntag, dem 21. April erreichen. Sie sind nun schon drei Wochen unterwegs.

Conegliano war ein Sammelpunkt prominenter Jerusalempilger. Heinrich berichtet, dass er am 22. April *zu Küniglein stille gelegenn* sei und dass *denselben tagk aufm Abendt* Herzog Friedrich von Sachsen, Herzog Christoph von Baiern sowie *Grafen und gute Leutt mit hundenn und pferdenn* angekommen seien. Sie alle haben Jerusalem mit dem Heiligen Grab zum Ziel. Am nächsten Tag – man kann ja auch auf einer Wallfahrt nicht pausenlos nur fromm sein – gibt man sich standesgemäßen Unterhaltungen hin. Ein *Welscher Graf* in venezianischem Solde führt den deutschen Herren ein *welsches Stechen* vor, also ein Ritterturnier auf italienische Art. Heinrich berichtet von großen »Fechtsätteln« und von hohlen, relativ ungefährlichen, da leicht splitternden Lanzen.

Über einen Monat in Venedig

Am 23. April werden die Pferde in Treviso unterge-
stellt. Die Stadt hatte sich auf diesen Erwerbszweig ein-
gestellt und unterhielt wohl umfangreiche Stallungen,
die teilweise von Deutschen betrieben wurden. Heinrich erwähnt das allerdings erst bei der Rückkehr. Am
24. April kommt er endlich in Venedig an. Dort bietet
neben anderen deutschen Herbergen das »Deutsche
Haus« unter der Leitung eines gewissen Albrecht Hingel deutschen Pilgern Quartier. Heinrich erhält ein *eigen
gemach* zugewiesen und bemerkt – offenbar hat er zu
Makkaroni keine große Meinung – zufrieden, dass dort
deutsche Köche die Mahlzeiten zubereiten, die allerdings
auch ihren Preis haben, wie er schreibt. Heinrich wird
mehr als einen Monat in der Lagunenstadt zubringen
müssen – eine damals ganz normale Wartezeit. Doch er
weiß diese Tage zu nutzen.

Zunächst gilt es die Überfahrt nach Palästina zu
organisieren. Albrecht Hingel führt Heinrich dazu in
das »Galeerenhaus«, eine Werft, in der *etliche hundert
Arbeiter* beschäftigt sind. Er hat das Glück, dort den
noch jungen Herzog Friedrich von Sachsen zu tref-
fen, der ihm anbietet, wie schon in Conegliano zuge-
sagt, in seiner Pilgergruppe mitzureisen, was Heinrich
erfreut annimmt. Herzog Friedrich wird als Friedrich
der Weise in die Geschichte eingehen. Drei Jahrzehnte
später wird er als Luthers Landesherr dem Reformator
auf der Wartburg Schutz und Herberge bieten. Auf dem
Markusplatz hatten die Reeder ihre durch ein Banner
gekennzeichneten Stände, an denen Agenten die Pilger

einluden, Transferverträge abzuschließen. Auch Werbeeinladungen auf die Schiffe mit glänzender Bewirtung waren durchaus üblich. Das Pilgergeschäft war ein bedeutender Wirtschaftszweig für Venedig geworden, und die »Reiseunternehmer« rissen sich förmlich um die Kunden.

Der 24. April ist »Vigil von St. Markus«, des Schutzheiligen Venedigs. Heinrich geht am Abend mit Albrecht Hingel zum Gottesdienst in den Markusdom, wo er den Dogen sieht und *großer Gedrangk unnd unmessigk viel Volck* erlebt. Auch am nächsten Tag, dem Tag St. Markus selbst, gibt es *gar ein großes fest* im Dom. Wieder bewundert unser Pilger den Dogen in seinen goldenen Gewändern, er erwähnt den kaiserlichen Botschafter, eine Reihe von Diplomaten, den Patriarchen von Venedig und viele Edelleute. Ausführlich beschreibt er die Prozession über den Markusplatz mit den Mönchsorden und Bruderschaften der zahlreichen Klöster, *viel hüpsche Knaben mit flügeln zugericht als die Engel*, mit dem Dogen und seinem Gefolge, angetan mit Gewändern teils aus Gold, teils aus Samt oder Scharlach und verziert mit großen goldenen Ketten. Fast zur gleichen Zeit stellt der Maler Gentile Bellini diese Szene in einem großen Gemälde dar. Die Prozession endet am Hochaltar, wo *die Tafel in eytelem Silber in Bildern gemacht ist* und wo viele Heiltümer und zwei Einhörner zu St. Markus' Ehren hängen.

Die nächsten Tage vertreibt sich Heinrich die Zeit mit Sightseeing. *Bin ich mit andern Pilgern in dem Meer und in der Stadt auf und nieder gefaren vor die lange wail.* Man mietet sich dazu eine Gondel und erkundet Stadt und Lagune. Mit etlichen anderen Pilgern besucht er auch Murano, *do man die schone Glesir macht, und hab gesehen, wie man die macht, das denn wunderlich zugehet.* Am 1. Mai besinnt er sich offenbar wieder auf den Zweck seiner Reise und besucht mit anderen Pilgern mittels einer Barke das Kloster Santa Lucia. Es beeindruckt ihn sichtlich, dass der wohlerhaltene Leichnam der heiligen Lucia *leibhafftig* oberhalb des Altares liegt und den Pilgern von den Klosterfrauen gezeigt wird. Heinrich erwirbt einen *gros Aplass* – den ersten von vielen in den kommenden Monaten.

Die Anfänge des späteren Tourismus sind bereits sichtbar: Heinrich schließt sich wieder einer Gruppe Pilger an, wandert mit einer geführten Tour durch die Stadt, besichtigt den Dogenpalast, der *schön gebauet ist*, und lässt sich die Gemächer zeigen, *die gar schön gemacht und gezirt seinn und mit Golde durchmalet und mit waissem Marmelstein* [**Marmor**] *gemachet.* Heinrich beweist hier eine Liebe zum Detail, die man bei den von ihm durchreisten Landschaften gänzlich vermisst.

Am 3. Mai werden mit dem Schiffseigner Augustino Contarini, einem von mehreren in dieser Branche sicher gut verdienenden venezianischen Unternehmern, ernsthafte Verhandlungen geführt über Kosten und Bedingungen der Überfahrt. So vereinbart man außer dem Preis von fünfzig Dukaten schriftlich, dass das Schiff in keinem Hafen länger als vier Tage ankern soll, und dass der »Patron«, also der Eigner und Kapitän, die Pilger auf der Überfahrt verpflegen und versorgen und sie im Heiligen Lande als Ortskundiger begleiten solle *an den Jordan und an die hailigen Stette, do die Pilger pflegen hin zu ziehen.*

Man verbringt die nächsten Tage mit dem Besuch weiterer Klöster voller »Heiltümer«, also Reliquien, was stets mit einem größeren oder kleineren Ablass verbunden ist. Heinrich hat das Glück, einen Besuch der Herzogin von Mantua zu erleben, welcher der Doge mit viel Prachtentfaltung zu Wasser entgegenfährt. Er beschreibt eine Gondelregatta auf dem Canale Grande und ebenso die traditionelle »Vermählung Venedigs mit dem Meer« am Tage Christi Himmelfahrt. Heinrich ist den Reizen der schönen Venezianerinnen gegenüber durchaus aufgeschlossen. Sie seien *kostlich angelegt gewest von viel kostlichen Kleinot vonn Golde und Edelgesteine und alle Sammeten und Damast Klaid angehapt haben, die alle gefaren sindt mit Trometen, Pfeiffen und andern Saitenspiel, also bin ich mit andern Pilgern auf Barken auch mitgefaren. Item bin ich mit andern gegangen auff Sandt Marcus Plaz und den Jarmarkt geschauet, und do sich dann die schön frauen von Venedig in etlich Kähne gesatzt hatten, da man sie auch schauen sollte, alle kostlich angelegt. Und do ist manch gut Gesell gangen, etlicher die Kähne zu schauen, etliche die Frauen.*

Donnerstag nach Pfingsten gibt er sich recht weltlichen Genüssen hin. Auf Einladung des Dogen besucht er mit anderen Pilgern einen rauschenden Ball im Dogenpalast. *Do bin ich dann mit etlichen Pilgern gern zum tanz gegangen. Do dann viel kostlicher Tanz geschehen sindt und dergleichen in unsern Landen nicht gesehen wird.* Auch dort bewundert er die schönen Damen und ihre »trefflichen Kleinode«, mutmaßt aber, dass sie *auch ein teil geborgt haben mogen.* Dem schlichten schlesischen Edelmann ist solch Luxus wohl nicht recht geheuer. An der bewusst schlichten, ja ärmlichen Pilgerkleidung nimmt niemand bei Hof Anstoß. Im Gegenteil: Pilger genießen, nicht zuletzt als bedeutender Wirtschaftsfaktor, in Venedig hohes Ansehen.

Auf See

Fast einen Monat dauert der Zwangsaufenthalt in Venedig. Doch solch lange, ärgerliche Wartezeiten waren dort durchaus üblich. Am 1. Juni, es ist ein Samstag, sticht man endlich in See. Die Reisegesellschaft zählt insgesamt 185 Pilger, die sich auf drei Schiffe verteilen. Sie fahren aber nicht im Konvoi. Die ranghöchsten Pilger sind die bereits erwähnten Kurfürst Friedrich von Sachsen und Herzog Christoph von Baiern. Letzterer wird auf der Rückreise erkranken und auf Rhodos sterben. Zedlitz zählt am Schluss seines Büchleins viele adlige Pilger auf. Aber auch Franzosen und Engländer sind dabei.

Man lichtet die Anker und segelt zunächst über die Adria an die Küste des damals venezianischen Istrien, die man bei Parenzo (kroat. Poreč) erreicht. Sodann geht es mit wechselnden Winden die dalmatinische Küste entlang, vorbei an Zara, Lesina, Curzola und Ragusa. Heinrich ist wissbegierig. Überall zieht er Erkundigungen ein und beschreibt die Orte recht ausführlich. Dann geht es an Butrinto vorbei und längs der albanischen Küste. Von der Stadt Kassiopi an der Nordostküste Korfus berichtet er, sie sei *wüste und leit auff eynem berge* und dort sei im Meer ein Loch, in dem *vorzeytten* ein Lindwurm gehauſt habe. Jeden Tag hätten die Leute ihm einen Menschen zum Fraße liefern müssen, bis sie auf die glorreiche Idee verfielen, *ihm eynen todten menschen zu geben, den sie voll gift gefüllet haben, und davon der Worm zuſprungen iſt.*

Am 16. Juni erreichen die Pilger das damals noch venezianische Korfu selbſt. Es sei eine große Insel, schreibt Heinrich, aber auch eine Stadt »mit viel Leuten«. Sie besitze zwei »feſte Schlösser«, jedes auf einem nackten Fels. Hier wüchsen *Weinn, Feigen, Pommeranzen und Oel genung.*

Am 18. Juni segelt das Schiff zwischen den Inseln Santa Maura und Kephallonia hindurch und erreicht die venezianische Stadt und Feſtung Modon, heute Methoni. Diese liege, schreibt Heinrich, auf einer Halbinsel und sei gegen das Feſtland durch Mauern und Gräben gesichert. Der Türke habe wohl versucht, es zu erobern, *und hat doch müssen weg zihen.* Noch heute iſt die in Ruinen liegende, auch in der Schedelschen Weltchronik dargeſtellte Feſtungsanlage auf einer Landzunge ein ebenso gewaltiges wie malerisches Bauwerk.

Am Johannitag passiert man die Insel Cerigo, auch Kythera genannt, wo die schöne Helena geboren sein soll. Auf dem Wege nach Kandia (Kreta) begegnen der Galee zwei türkische Schiffe. Es sind Seeräuber, wie sie ſpäter erfahren. Solche Begegnungen haben zuweilen sehr unangenehme Folgen für Pilgerschiffe. Doch diesmal geht alles gut. Über Kreta, wo man in Khania zwei Tage ankert, schreibt Heinrich, dass es Venedig gehöre, große Gebirge und viele Städte und Dörfer besitze sowie einen Erzbischof und neun Bischöfe, und dass dort Malvasier und

Muskateller gediehen. Dass er diese Weine probiert hat, berichtet er zwar nicht, wir wollen es aber annehmen.

Die Insel Rhodos, der Ordensstaat der Johanniter, kommt in Sicht, und ein »Schloss St. Peter« liegt linkerhand. Es könnte sich um das heute untergegangene Petrona nahe der Südspitze der Insel handeln. Dann erreichen die Pilger die Hauptstadt Rhodos, in der Großmeister Pierre d'Aubusson regiert. Elf Jahre ist es erst her, dass die Türken wieder einmal versuchten, Rhodos zu erobern. Doch die gewaltigen Festungsanlagen auf der gut zu verteidigenden Halbinsel haben noch einmal stand gehalten. Erst neunzehn Jahre nach Heinrichs Aufenthalt wird es Sultan Soliman gelingen, Rhodos dem Osmanischen Reich einzugliedern.

Ansicht von Rhodos aus der Schedelschen Weltchronik

Heinrich zeigt waches Interesse an dem **Orden Sandt Johannes mit dem waissen Creuze**, dessen schlesische Kommende Striegau er gut kannte, an den Ordensrittern und Ordensgaleeren, in denen gefangene Türken an die Ruder geschmiedet sind. Er inspiziert sachkundig Mauern, Gräben, Basteien und Geschütze, die Rhodos nahezu uneinnehmbar machen. Der Belagerung von 1482 gilt sein besonderes Interesse. Er befragt Zeitzeugen und gibt deren Schilderungen ausführlich wieder. Er beobachtet zufrieden, dass ständig an der Verstärkung und Verbesserung der Verteidigungsanlagen gearbeitet wird, und es erfüllt ihn offenbar mit grimmiger Genugtuung, dass dazu **viel gefangene Türcken Stein brechen und Kalgk tragen wie die Esel.**

Eine Einzelheit, von der auch Hartmann Schedel in seiner Weltchronik aus Rhodos berichtet, hat Heinrich besonders beeindruckt: Die Rhodiser sollen große Hunde besitzen – er nennt die Rasse »Rodin« – die morgens frei gelassen werden und sofort wittern, wo **die türcken die nacht gewest sind**, und die jeden türkischen Spion, den sie aufspüren, auf der Stelle zerreißen. Christen jedoch, schreibt er, tun sie nichts. Neben den Wehrbauten bewundert unser pilgernder Ritter auch das **trefflich Spital** des Ordens, in dem er **mehr denn 50 gute Betten** zählt. Im Krankensaal gäbe es eine Kapelle, in der täglich zweimal die Messe gelesen werde. Er erwähnt achtungsvoll die Ärzte, welche die Kranken versorgen und das silberne Geschirr, auf dem den Patienten die Mahlzeiten durch Ordensbrüder gereicht werden. Auch darf kein Kranker den Doktoren Geld geben, **wenn er gesundt wird, so zeucht er davon.**

Es wäre verwunderlich, wenn den Landedelmann nicht auch das ritterliche Waidwerk des Ordensstaates interessiert hätte. Und so erfahren wir, dass die Insel Rhodos viele Dörfer habe, deren Einwohner »alle dem Orden zustehen« und dass der Großmeister das jagdbare Wild – er erwähnt Hasen und *danitle* (Karnickel?) – von Zeit zu Zeit erlegen muss, damit sie *den armen leuthen kein Schaden tun am getreyde und an andern früchten.*

Am 30. Juni lichten die Schiffe wieder die Anker und bald zeigt sich linkerhand die türkische Küste mit einem *groß gebirge.* Es sind die bis zu dreitausend Meter hohen Berge westlich von Antalya. Sodann wird der Golf von Adalia überquert und Paphos an der Westküste des Königreichs Zypern angelaufen. Heinrich erfährt nicht nur, dass auf *Zipern* Zuckerrohr wächst – noch heute ist dort eine Zuckerfabrik aus dieser Zeit erhalten! –, dass Venedig die Insel 1473, nach dem Tod König Jacobs II., kurzerhand besetzt hatte, und dass durch die häufig auftretenden Erdbeben Häuser, Kirchen und große Mauern einfallen. Er lässt uns auch teilhaben an einer äußerst delikaten Begebenheit, von der er in Limassol hört, wo das Schiff ankert, um *wasser holz brodt unnd ander notturft* zu bunkern. Diese Hafenstadt habe in Trümmern gelegen, und auf die Frage nach dem Grund für die Zerstörung habe man ihm folgende Geschichte erzählt: Vor Zeiten, als ein Herzog die Insel regierte, sei eine Schwester des Königs von England auf dem Wege zum Heiligen Grab vor Zypern in Seenot geraten. Als dies der Herzog erfuhr, sei er ihr zu Hilfe gekommen und habe sie zu sich eingeladen. Ihre Ratgeber haben ihr geraten, die Einladung anzunehmen, da es kein großer

Umweg sei. Auf seinem Schloss aber habe der Herzog die attraktive Königsschwester *mit gewalt geschwecht an ihren ehren.* Die arme Dame habe sich das so zu Herzen genommen, dass sie meinte, nicht mehr würdig zu sein, zum Heiligen Grab zu ziehen, und so sei sie nach England zurückgekehrt. Ihr Bruder, der König, dem sie ihr Leid klagte, habe sich die *Unehr*, die man seiner Schwester zugefügt hatte, nun seinerseits zu Herzen genommen und sei mit *Macht und mit Schiffen nach Zypern gezogen und des Herzogen Stedte gewonnen und gar in den grundt zubrochen und zustört.*

So rasch wie möglich verlässt unsere Pilgergruppe das ungemütliche Limassol – noch am selben Abend. Bei gutem Wind fährt die Galeere nun *also flogs, als eyner mit eynem Pferdt gerennen mag. Umb Vesper Zeit haben wir gesehen das hailige Landt, do wir dann mit unseren Priestern und Monchen nidergekniet und das Te deum laudamus gesungen haben.*

Es ist Freitag, der 5. Juli. Man kann sich die Erleichterung und Freude Heinrichs vorstellen, als er – drei Monate nach seinem Aufbruch in Liegnitz und einen Monat nach der Abfahrt von Venedig – das ersehnte Ziel endlich vor Augen hat. Doch Das Heilige Land befindet sich seit dem unglücklichen Ausgang der Kreuzzüge in der Hand der »Heiden« (im folgenden wird das Wort Heiden wie bei Heinrich ohne Gänsefüßchen erscheinen), der Osmanen, die christliche Pilgerzüge zu den Heiligen Stätten nur zulassen, weil sie erhebliche »Devisen« einbringen. Doch das spielt für die Pilger in diesem Augenblick keine Rolle.

In Limassol auf Zypern legte Heinrichs Schiff an.
Hier der Donjon der Johanniterburg Kolossi von 1454

Im Heiligen Land

Bei Jaffa erreicht die Galee die Küste Palästinas. Man wirft Anker und gibt durch Böllerschüsse zu erkennen, dass man Geleitschutz begehrt. Ein Schreiber mit einem Dolmetscher – Heinrich schreibt *Trutzelmann* – fährt auf einer Barke an Land und erbittet Geleit. Die Heiden erklären, dass sie nicht das Recht hätten, Geleitschutz zu geben, sie müssten erst beim »Herrn von Gaza« die Erlaubnis dazu einholen. Man begibt sich also nach Gaza. Das Warten an Bord wird derweil zur Qual, das vor Anker liegende Schiff schlingert und »wackelt hin und her«, und die seekranken Pilger glauben sterben zu müssen. Als man am Montag noch keine Nachricht hat, bittet der Patron den Wachtposten auf dem Hafenturm, dass man doch wenigstens die Kranken an Land gehen lassen möge, was genehmigt wird. Als Unterkunft erhalten sie ein »wüstes Gewölbe«, das von einem Mameluken bewacht wird. Auf der Zeichnung von Schedel ist es gut zu erkennen. Heinrich nutzt den Leerlauf und erkundet auf eigene Faust mit einigen anderen die »wüste Stadt« Jaffa. Es sei *eine gross stadt gewest*, schreibt er, in der eine St. Peterskirche gestanden habe. Nun aber stünde kein Haus mehr und auch die Stadtmauern seien *gar zu brochen*.

Die Geduld der Pilger wird erneut auf eine harte Probe gestellt. Erst wird ihnen erklärt, das »Kleine Beiramfest« müsse erst gefeiert werden, was zum großen Schrecken der armen Pilger eine weitere Wartezeit von etlichen Tagen bedeutete, und dann werden mehrmals erfolglos Bitten an den »Herrn von Gaza« um ein baldiges Geleit geschickt, bis dieser endlich am 18. Juli in einer pompösen Zeremonie mit hundert Kamelen, achtzig Pferden und einem Prunkzelt – allerdings gegen eine Gebühr von 15 Dukaten pro Person – die Erlaubnis erteilt, das Heilige Land zu betreten. Die Namen aller Pilger werden von des *Sultans schraiber aufgezaicht.* Der von Jerusalem gekommene Guardian der Franziskaner auf dem Zionsberg hat unterdessen die Vermittlung übernommen. Noch einmal müssen die gesunden Pilger, zu denen Heinrich gehört, eine Nacht bei ihren seekranken Gefährten in den »wüsten Gewölben« verbringen, wohin sie unter strenger Bewachung – *hinder unss und für unss* – gebracht werden. Dann, so hofft man, kann es endlich losgehen. Doch noch einmal, am 19. Juli, müssen die Pilger *den tagk do pleiben, wen nicht übrige viel lust do was.* Der Originaltext Heinrichs lässt den wachsenden Groll der Pilger über die tagelangen Schikanen förmlich spüren. Endlich, am Nachmittag des 20. Juli, werden Esel und etliche Pferde gebracht, und die Gruppe kann *in grosser hize* bis nach dem *10 Welsche Mailen* entfernten Ramla reiten. Vor dem Ort nehmen ihnen die Heiden die Reittiere wieder ab, und sie müssen zu Fuß, das Gepäck tragend, die Stadt betreten. Zedlitz rühmt Herzog Philipp den Guten von Burgund, der die dortige Pilgerherberge 1420 gestiftet habe. Diese besitze nicht nur Gewölbe zu ebener Erde, sondern auch ein Kellergewölbe *und ein loch hinein, wo der Pilger eyner stirbt, so worfft man ihn zum loche hinein.*

Der nächste Tag ist ein Sonntag, und so feiert der Guardian, der die Pilger nach Jerusalem begleitet, eine lateinische Messe im Spital. Danach verkündet ein Barfüßermönch Ablass und Nachlass aller Schuld denen, die zur Vergebung ihrer Sünden hierher gekommen sind und sich in die mancherlei Mühen und Gefahren einer Pilgerreise begeben haben. Selbst wenn einer im päpstlichen Banne sei, sagt er, der solle zu ihm kommen, er könne ihn mit höchster Vollmacht vom Banne lösen.

Nach der Messe geht es auf einen »Ausflug« zum nur vier Kilometer entfernten Lydda, wo einstmals eine schöne, von den Heiden zerstörte Kirche gestanden habe. Nur der Chor stehe noch. Am Stein, an dem der hl. Georg enthauptet wurde, verkündet ein Bruder vom Barfüßerorden wiederum einen Ablass. Hier in Ramla werden den Pilgern auch teilweise recht kuriose Verhaltensmaßregeln verkündet. Zedlitz schreibt nichts darüber, andere Pilger aber berichten, dass man zum Beispiel ermahnt werde, »keine Stücke vom Heiligen Grab abzuschlagen«, »Mauern und Wände nicht durch Anmalen von Namen oder Wappen zu beschmutzen«, »nicht mit Türken zu reden, zu lachen oder zu scherzen«, »kein Weib anzusehen oder seinem Wink zu folgen«, »keinem Türken zu trauen«, »nicht offen Wein zu trinken«, »sich niemals mit Türken zu zanken oder einen Türken zu verspotten«, »keine Moschee zu besuchen«, »sich niemals von der Pilgergruppe zu entfernen« und schließlich »den Guardian nicht für Verspätungen verantwortlich zu machen«. Dergestalt seelisch gerüstet verbringen die Pilger den Rest des Tages und die folgende Nacht wieder im Spital zu Ramla, in dem sie auch noch am Montag bleiben müssen. Solche Verzögerungen sind an der

Tagesordnung und werden fast nie begründet. Erst nach Sonnenuntergang werden die Reittiere wieder herbeigebracht. Beim Ritt durch die Stadt werden die Pilger aus den Häusern heraus mit Steinen beworfen, wobei etliche auch *harte getroffen* werden.

Der nächtliche Ritt führt auf einem »schlechten, steinigen« Weg hoch ins Gebirge nach Jerusalem. Dort, im Kloster der Barfüßermönche auf dem Zionsberg, der Anlaufstelle für alle Pilger, gibt der Guardian von Bethlehem Anweisungen für das Verhalten in der Grabeskirche: So sollen die Pilger immer in der Gruppe bleiben, mit den Andenken feilhaltenden Händlern keine Zeit verlieren, die Priester sollen sich nicht um das Messelesen zanken, sie sollen ihre Sachen nicht in der Kirche herumliegen lassen, die Heiligen Stätten nicht durch Abschlagen oder Bemalen verunglimpfen, sondern sie mit Andacht und Ehrfurcht betrachten. Sodann führt der Guardian die Pilger zu Heiligen Stätten in der Nähe des Klosters. Heinrich Zedlitz listet alles in großer Sorgfalt und Ausführlichkeit auf, wobei er stets auch die Länge des jeweiligen Ablasses in Jahren vermerkt. Es ist zu vermuten, da er dabei einen der »Pilgerführer« benutzt hat, wie sie schon damals von den Mönchen hergestellt und angeboten wurden. Leider lassen Heinrichs Eintragungen über Jerusalem die lebendige Farbigkeit der Schilderungen von Venedig vermissen. Man glaubt zwischen den Zeilen den Druck zu spüren, unter dem die christlichen Pilger im Heiligen Land standen. Interessant ist, dass die Gräber Davids, Salomos und anderer Könige zwar gezeigt werden, dass mit ihnen aber kein Ablass verbunden ist.

Barfüßermönche führen die Pilgergruppe zu allen Heiligen Stätten, von denen viele bis auf den heutigen Tag besucht werden können. Es sind

+ das Wohn- und Sterbehaus der Muttergottes,
+ der Ort, an dem Jesus den Jüngern den Missionsauftrag gab,
+ der Ort, an dem die Jünger Matthäus zum Apostel erwählten,
+ der Ort, wo St. Jakob zum Bischof gewählt wurde,
+ das Grab Davids und anderer Könige,
+ das Haus des Kaiphas,
+ der Stein, der vor Jesu Grab lag,
+ der Kerker, *in dem unsir Lieber Herr die nacht inne gesperrt ward,*
+ das Loch, in dem der Hahn saß und krähte, nachdem Petrus Jesus dreimal verleugnet hatte,
+ das Haus des Hohenpriesters Annas,
+ der Acker, der für die 30 Silberlinge gekauft wurde,
+ der Ort an dem der hl. Jeremias das Martyrium erlitt,
+ der Ort, an dem Jesus den Blinden heilte,
+ der Brunnen tief im Berge, an dem Maria Jesu Windeln wusch,
+ die Höhle, in der sich der hl. Jakob versteckt hat,
+ der Ölberg,
+ der Ort, an dem Jesus die Jünger das Vaterunser lehrte,
+ der Ort, an dem Jesus zu den Jüngern vom Jüngsten Gericht gesprochen hat,
+ die Stelle der zerstörten St. Markuskirche, wo die Jünger auch das Credo gelernt haben,

+ die von dem Moslem verschlossene Kirche der Himmelfahrt Christi, in die man nur durch ein Loch kriechen konnte,
+ der Berggipfel, von dem aus man ganz Galilea sehen kann,
+ der Ort, an dem Jesus über die Stadt Jerusalem geweint hat,
+ der Ort der Himmelfahrt Mariens,
+ der Garten Gethsemane,
+ der Ort der Gefangennahme Jesu,
+ der Ort, an dem Petrus Malchus das Ohr abschlug,
+ der Ort, an dem Jesus betete und Blut schwitzte,
+ das Grab Mariens und Annas in einer zerstörten Kirche im Tal Josaphat, das sehr eingehend beschrieben wird,
+ eine Brücke über den Bach Kidron,
+ der Ort, an dem der hl. Stephanus gesteinigt wurde,
+ die zugemauerte Goldene Pforte, durch die Jesus beim Einzug in Jerusalem geritten ist,
+ das Geburtshaus Mariae,
+ das Haus des Pilatus, *do izundt die Haiden Inne sinndt*,
+ das Haus des Herodes,
+ der Ort, an dem Maria und die Frauen standen, als Jesus das Kreuz nach Golgatha trug,
+ der Kreuzweg (Via dolorosa),
+ das Haus des reichen Mannes, vor dem der aussätzige Lazarus lag, und schließlich
+ der Tempel Salomonis, den die Christen nicht betreten durften.

Nach dieser ausführlichen Führung, es ist indessen Abend geworden und von irgendeiner Mahlzeit ist nicht die Rede, begeben sich die Pilger in ihre Herberge, das

Franziskanerkloster auf dem Berge Zion, wo auch das Wohn- und Sterbehaus der Muttergottes stand. Um 23 Uhr werden sie durch die Mönche zur Grabeskirche geholt und dort von den Heiden gegen eine Gebühr eingelassen. Nun beginnt eine nächtliche Feier, die Heinrich, man merkt es seiner Beschreibung an, sehr beeindruckt. Man wird an die Atmosphäre einer Osternachtfeier oder an die nächtliche Liturgie in einem Athoskloster erinnert. Mit Kerzen in den Händen, die Mönche voran, ziehen die Pilger in Prozession durch die Kirche bis zum Heiligen Grab. Heinrich erlebt nun die ihm von Kind auf vertrauten biblischen Geschichten an ihren historischen Schauplätzen. Und er beschreibt alle mit großer Genauigkeit. Vom Heiligen Grab selbst berichtet er: »Danach hat man uns aufgeschlossen und wir sind hinein gegangen. Im Heiligen Grab haben wir gebetet und geopfert. So man hinein kommt, ist der Altar auf der rechten Hand. Es ist so eng im Grab, dass kaum drei Priester darin die Messe feiern können. Viele Lampen hängen über und vor dem Altar. Über dem Grab ist eine Kapelle, in der nur acht bis zehn Menschen Platz haben. In die Kapelle kommt man nur durch ein Loch, man muss gebückt und auf den Knien hineinrutschen.« Um Mitternacht beginnen die Priester, die heilige Messe zu feiern, während die Pilger an den verschiedenen Heiligen Orten beichten und die Sakramente empfangen. Am frühen Morgen wird die Kirche wieder aufgeschlossen und die Pilger können sie verlassen.

Am Vormittag wird der versäumte Nachtschlaf nachgeholt. »Zur Vesperzeit« steht der Besuch von Bethlehem auf dem Programm. Auf Eseln und Pferden begibt man sich auf den Weg, den, so sagt man den Pilgern, auch schon die Heiligen Drei Könige gegangen sind. Die führenden Mönche sind sogar in der Lage, die Stellen zu zeigen, an denen die Heiligen Drei Könige den wegweisenden Stern verloren, und wo er ihnen wieder erschienen ist. Beide Orte sind einen Ablass von sieben Jahren wert. Vorbei am Grab der Rahel erreichen sie Bethlehem.

Dieses bietet den Pilgern außer der Geburtsgrotte selbst eine Reihe anderer mit Ablässen verbundener Plätze, die alle in Prozession mit brennenden Kerzen aufgesucht werden. Auch hier gibt es ein Kloster der Barfüßermönche, in das die Geburtskirche eingeschlossen ist.

In der Geburtskirche und in der Geburtsgrotte hat sich seit den Tagen Heinrichs nicht viel verändert. Er schreibt: »Dabei sind fünf *stuffeln* [Stufen] hinunter in eine Kapelle, und unter dem Altar ist die Stätte, da unser lieber Herr Jesus Christus geboren ist.«

Von Mitternacht bis zum frühen Morgen werden an fünf Altären Messen zelebriert. Danach, es ist Freitag der 27. Juli, reiten die Pilger zum Haus von Zacharias und Elisabeth im heutigen Ein Kerem. Es liegt auf einer Höhe und ist *gar zerbrochen und steht wüste*. Hier wurde der Überlieferung nach Johannes der Täufer geboren, hier besuchte Maria ihre Base Elisabeth drei Monate lang, und hier wurde wunderbarerweise das Kind Johannes in einer Höhle vor den Häschern des Herodes verborgen. Gegen Mittag sind sie wieder zurück in Jerusalem.

In der nächsten Nacht findet in der Grabeskirche ein feierlicher Ritterschlag statt. Dieser wird am Heiligen Grab durch »Bruder Hans« vollzogen, den in den

Pilgerschriften dieser Zeit vielfach genannten Johannes von Preußen, einen adligen Laienbruder der Barfüßermönche. Zugelassen sind nur Pilger, die vier »Schilde«, das heißt adlige Großeltern nachweisen können. Heinrichs Ahnentafel ist zum Glück »makellos«, und so wird auch er zum »Ritter des Heiligen Grabes« geschlagen.

Der nächste Tag ist ein Ruhetag. Am Sonntag, dem 28. Juli, sind die mehr als 150 Pilger nach dem Hochamt Gäste der Mönche des Klosters auf dem Zionsberg und werden von den Brüdern bei Tisch bedient. Innerhalb des Klosters befinden sich weitere Heilige Stätten, die den Pilgern in lateinischer, deutscher und französischer Sprache gezeigt werden, so die Stätten der Fußwaschung und der Ausgießung des Heiligen Geistes, vor allem aber der Abendmahlssaal. Heinrich beschreibt noch einen weiteren Ort, wo »unser lieber Herr seinen gebenedeiten Jüngern erschienen ist bei verschlossener Tür und der Heilige Sankt Thomas auch an die Stätte kommen ist und da unserem lieben Herrn in seine Wunde gegriffen und da unser lieber Herr gesprochen hat: Thome, selig bistu, du hasts gesehen und gegleubt, selig sind die, die nicht sehen und gleuben« (Joh. XX,29). Letzteres ist die deutsche Fassung des Johannes-Textes vor der Luther-Übersetzung.

Am gleichen Nachmittag besteigen die Pilger wieder die Esel und begeben sich auf die im Preis enthaltene mehrtägige Exkursion zum Jordan. Am Abend rasten sie zwei Stunden an einem Brunnen und gelangen zu drei arabischen »Herrenhöfen« – wohl Karawansereien – mit »tausend Kamelen« und arabischen Frauen und Kindern. In einem nächtlichen Ritt erreichen sie auf ſteinig-ſteilen Pfaden bergab und danach durch eine Ebene am frühen Morgen den Jordan. Der Fluss iſt *ein tief wasser und fleuſt ſtille*, und nicht weit davon mündet er ins Tote Meer. Nahe dabei iſt auch der Ort, an dem Jesus von Johannes getauft wurde. Hier erfahren die Pilger nach schweißtreibenden Stunden die Wohltat eines Bades. Die Einsamkeit des Ortes beschreibt Heinrich mit den Worten: *iſt eytel wüſtunge do rumb, do wir unns gebadt unnd gewaschen habenn.* Das Bad im Jordan diente aber nicht nur der Erfrischung und der Reinigung, es hatte auch kultische Bedeutung. Wie noch heute nehmen manche Jordanwasser in Fläschchen für die Taufe ihrer Kinder mit nach Hause.

Danach begeben sich die Pilger auf den Rückweg nach Jerusalem. Unterwegs öffnet sich einmal der Blick auf das Tote Meer, und der bibelfeſte Ritter Heinrich entsinnt sich schaudernd, dass dort die sündigen Städte *Sodoma und Gomorrha vorsuncken sinndt.* Später sehen sie die Stelle, an der Johannes in der Wüſte predigte, und auch die Ruinen von Alt-Jericho.

Bei einer ſtarken Quelle, die sogar zwei Mühlen treibt, wird geraſtet, und Pilger und Esel erquicken sich in der heißen Mittagsſtunde am köſtlichen kühlen Wasser. Die Mühlen, deren Reſte sich bis heute erhalten haben, sind Zuckermühlen aus der Kreuzfahrerzeit, und der *Fließborn* iſt die »Quelle des Elisa«, deren Wasser der Prophet Elisa auf Bitten der Einwohner von Jericho mit Salz gereinigt und trinkbar gemacht hatte (2. Könige 2,21). Weſtlich des Brunnens erhebt sich der hohe »Berg der Versuchung«. Heinrich läſst es sich nicht nehmen, ihn mit etlichen Pilgern zu erklimmen, obwohl der Weg

ein schmaler steig und bose hinuff zu steigen ist. Auf hal-
ber Höhe öffnet sich ein *loch in dem steinigen felss*. Es
ist die Felsenhöhle, in der Jesus vierzig Tage fastete
(Matthäus 4,1). Doch die Kapelle, welche die hl. Helena
an dieser Stelle errichten ließ, schreibt Heinrich, sei von
den Heiden zerstört worden; den Wandmalereien hätten
sie die Augen ausgestochen. Heute befindet sich dort ein
griechisch-orthodoxes Kloster aus dem 19. Jahrhundert.
Und dann steht er auf dem Gipfel, von dem aus, wie es
bei Matthäus heißt, der Teufel Jesus »alle Reiche der
Welt und ihre Herrlichkeit zeigte«, die Stätte, *do der teuf-
fel unsern lieben herrn hinauffgeführt und ihn versucht,
er sollte ihn anbeten*. Auch hier gibt es eine Kapelle, und
der Guardian der Barfüßer von Bethlehem, der den Auf-
stieg begleitet, verkündet den Wanderern die Vergebung
aller ihrer Sünden. Nach dem Abstieg vom Berg reiten
sie in der Hitze des Nachmittags weiter, gelangen wieder
zu der Quelle, an der sie auf dem Hinweg schon einmal
gerastet hatten, und gönnen sich dort in der nächtlichen
Kühle wieder zwei Stunden Ruhe. Auf dem weiteren
Weg zurück nach Jerusalem besuchen sie in Bethanien
andachtsvoll das Haus der Geschwister Maria, Martha
und Lazarus. Man zeigt den Pilgern auch das Grab des
Lazarus, wo Jesus ihn vom Tode auferweckte (Johannes
11,43). Auf dem letzten Stück Weges – *ist eine halbe Meil
von Jerusalem* – versetzt sich Heinrich in seiner Phan-
tasie zurück in die Zeit Jesu. Er schreibt: *den weg den
unnser lieber herr offt gegangen ist*.

Noch einmal erlebt Heinrich einen nächtlichen Gottesdienst in der Grabeskirche, ehe bereits am nächsten
Tage, es ist Mittwoch, der 31. Juli, die Abschiedsstunde

naht. Die örtlichen Machthaber erklären kategorisch und ohne Begründung, dass sie *unns lenger do nicht haben wollden und dem Patron liessen sagen, er sollde wegk gehen.*

Der Rückweg nach Jaffa musste unter diesen Umständen vorzeitig angetreten werden. Doch Heinrich schreibt sachlich und ohne erkennbares Bedauern: *diese vorgeschriebenen hailigen stete bin ich an allen gewest ... es mogen mehr hailige Stedte do sein, aber do ich nicht gewest bin, das hab ich nicht beschrieben.*

Nach dem Mittag begeben sich die Pilger zum Barfüßerkloster, wo man ihnen die Esel wieder zuführt. Der Ritt führt über sechs Stunden nach Ramla, wo sie nach Mitternacht eintreffen und wieder im Pilgerhospital untergebracht werden.

Die nun folgenden Ereignisse zeigen drastisch die Schikanen und Schwierigkeiten, mit denen christliche Pilger im moslemischen Palästina des 15. Jahrhunderts zu kämpfen hatten. Es ist der 1. August 1493: Petri Kettenfest. Doch statt dass die Pilger mit ihrem Patron wieder ihre Galee besteigen können, ergeben sich neue Schwierigkeiten. Sie werden gewaltsam am Verlassen des Spitals gehindert, und Patron, Dolmetscher und ein Galeote (Matrose) werden festgenommen. Als Geiseln. Der Grund ist eine schwerwiegende Anklage: Man wirft ihnen vor, in der Pilgergruppe einen Moslem zu verbergen, den sie dazu verführt hätten, zum Christentum zu konvertieren und heimlich mit ihnen das Land zu verlassen. Dem Patron wird gedroht, weitere zehn Pilger als Geiseln zu nehmen und nach Kairo vor den Sultan zu führen. Lange wird verhandelt, bis ein gepfeffertes

Lösegeld winkt. Da der Patron jedoch nicht genügend Dukaten bei sich hat, muss er sich das Nötige von den Mitreisenden mit dem Verſprechen leihen, es ihnen in Venedig zurückzuerſtatten. Heinrich iſt mit fünfzehn Gulden dabei. Nun sind die Heiden endlich zufrieden, niemand fragt mehr nach dem angeblichen Konvertiten, und die Pilger dürfen für den Ritt nach Jaffa ihre Esel beſteigen. Doch sie sind misſtrauisch geworden, und der gemeinsame Wunsch, so rasch wie möglich und unbeschadet die Galee zu erreichen, führt zu einem ſtarken Zusammenhalt unter den Reisegenossen: *also plieben wir beinander, wo sie eynen wollten hinführen, do wolldten wir alle hin, und Keynen von uns lossen, damitte sie uns Keynen geſtehlen konnden.*

So wird glücklich der Hafen von Jaffa erreicht, und noch am gleichen Abend betreten die Pilger wieder ihr Schiff. Man kann es Heinrich nach den aufregenden vier Tagen nachempfinden: *unnd worn alle froh, das wir von denn haiden los kommen werenn.* Doch noch iſt nicht alles ausgeſtanden. Der Patron fehlt. Und wieder vergehen drei Tage, ohne dass eine Nachricht von ihm eintrifft. Inzwischen kommt Sturm auf, der das Schiff, das *am Ancker lag*, hin und her wirft, sodass die Pilger *schwach und kranck* werden. Nach erneuten Verhandlungen wird man unter Vermittlung des Guardians handelseinig, und nach Übergabe von *etlich geldt* sind die Halsabschneider endlich befriedigt. Und unter Trompetengeschmetter und gehisſten Bannern *sinndt wir in dem Namen Gots dohin gefaren in das lichte Meer.* Es iſt Mittwoch, der 7. Auguſt. Faſt genau einen Monat sind die Pilger nun schon im Heiligen Land, doch nur etwa eine Woche war ihnen für den eigentlichen Zweck ihrer Pilgerschaft, den Besuch der Heiligen Stätten, gegönnt.

Wieder legt man in Zypern an. Brot muss gebacken, Lebensmittel und Holz müssen eingekauft werden. Man möchte aber doch auch seinen Dank für die Wiedergewinnung der Freiheit gebührend darbringen: *Wir haben do eine schöne Messe zu lobe der Jungfrawen Maria lossen singen, das uns die Mutter Gotes one Schaden dohin geholfen hat. Mittwoch 14. August: Den tag unnd die Nacht haben wir bosen windt gehabt auf dem wilden Meer.*

Der Sturm, der »böse Wind«, hält bis Freitag an. Leider berichtet Zedlitz kaum etwas über das Leben und die Verhältnisse an Bord. Dafür hat uns Hans von Mergenthal, der 1476 die gleiche Reise unternahm, eine drastisch-anschauliche Schilderung hinterlassen: »In der Galeen ist mancherley Unruhe ... da liegt einer am andern, da muss man im Sommer gar große Hitze leiden, so thut einem das Ungeziefer großen Überlast. Auch seind außergewöhnlich große Ratzen darinnen, die einem des Nachts über die Mäuler laufen. [...] So denn Zeit Schlafens ist, und einer gerne schliefe, so reden die anderen neben ihm oder singen und schreien, oder machens nach ihrem Gefallen, damit uns der Schlaf gebrochen wird. Diejenigen, die bei uns krank geworden, sind des meisten Teils gestorben, Gott sei ihnen gnädig! So wir des Tages oben in der Galee waren ... so hinge denn die Galee auf die Seiten, da der Segel hing, so schrien die Matrosen alle: ›pando!‹ das ist ›auf die andere Seiten!‹, da mussten wir denn aber auf, wenn dann das Meer begann zu wüten und die Galee pumpete, kam uns der Schwindel in die Köpfe, einige warfs gar darnieder, da wir gingen und taumelten wie die vollen Bauern. [...] Das Essen, so uns der Patron gab, war unlustig, das Fleisch hing an der Sonne, das Brot steinhart, darin viel Würmer. Das Wasser war zu Zeiten stinkend, der Wein warm, da er vor Wärme rauchte und war unschmackhaft. [...] Die Matrosen sind eines Theils untreu und diebisch. [...] Wurden auch zu Zeiten von den Türken und Raubschiffen gejaget, doch thaten sie uns nie nichts. [...] Es sind auch auf dem Schiffe viel Wanzen, anderes Ungeziefer und Luftraupen, die bekriechen einen überall. In Summa wir hatten wenig Ruhe, und weiß ich nichts Besseres auf dem Schiffe, denn die liebe Patientia!«

Während der Sturm vor der türkischen Küste tobt, stirbt eine Gräfin aus Britannien, die mit zwei Knechten und einer Zofe der Pilgergruppe angehört. Für fünf Dukaten ist der Patron bereit, *das er sie also todt nicht in das Meer warf.* Es ist die einzige Nachricht darüber, da zur Pilgergruppe auch Frauen gehörten.

Mit Sturm und widrigen Winden geht die Zeit hin und das Brot wird knapp. Stürme gehören für die Pilger wohl zu den schlimmsten Begleiterscheinungen ihrer Reise. Aber auch die seetüchtigen und erfahrenen Patrone und Matrosen sehen im Toben der Elemente in abergläubischer Furcht den Zorn Gottes und geloben nicht selten weitere Wallfahrten oder andere gute Werke, so sie denn Venedig lebendig erreichen. Während unsere Pilger in Todesangst mit den Elementen und der eigenen Seekrankheit kämpfen, während der Orkan im östlichen Mittelmeer kein rasches Vorankommen zulässt, stirbt im fernen Linz an der Donau Kaiser Friedrich III. Sein vierunddreißigjähriger Sohn Maximilian tritt seine Nachfolge an.

Ansicht von Liegnitz aus dem »Reisealbum des Pfalzgrafen Ottheinrich«
von 1536/37

Venedig, Dogenpalast und Markuskirche

Venedig, Stadt im Wasser – Dogenpalast und Campanile

Bodrum (Türkei), Johanniterkastell St. Peter von der Seeseite

Rhodos-Stadt, die Großmeisterburg

Rhodos-Stadt, die Ritterstraße

Rhodos-Stadt, die Großmeisterburg

Rhodos-Stadt, das Ordenshospital

Jerusalem, Garten von Gethsemane

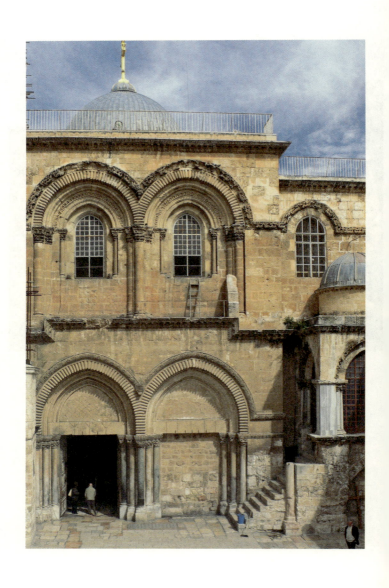

Jerusalem, Grabeskirche

Jerusalem, Himmelfahrtskirche

Jerusalem, Himmelfahrtskirche (Innenansicht)

Jerusalem, Mariengrab

Bethlehem, Geburtskirche

Jerusalem, Kreuzgang am Coenaculum (Abendmahlssaal)

Schloss Parchwitz/Prochowice bei Liegnitz,
1400 bis 1562 im Besitz derer von Zedlitz

Erst am 21. August erreichen sie Rhodos, wo sie zu ihrer Bestürzung erfahren, dass Herzog Christoph von Baiern und drei weitere Pilger des zweiten Schiffes in Rhodos gestorben sind. Fünf Tage liegt die Galee im Hafen, während denen wieder einige Heiltümer andachtsvoll besichtigt werden. Endlich ist der Wind nicht mehr *ganz wider uns*, und die Reise kann weitergehen. In Kreta nehmen sie zwei kranke adlige Pilger an Bord, die vom zweiten Schiff zurückgelassen worden waren, ein dritter, Caspar von Zedtwitz, war schon gestorben. Die nächsten Tage gehen hin mit viel Sturm und »bösem Wind«. In Modon (Methoni) besuchen sie, es ist der Tag Mariae Geburt, die Heilige Messe, und erst am 10. September kann die Reise fortgesetzt werden. Am Tage Kreuzerhöhung, am 14. September, erreichen sie Korfu, wo einige Pilger das Schiff verlassen, um von dort nach Rom zu reisen. Auf der Weiterfahrt reißt ihnen ein Segel ab. Unter diesem und mancherlei fernerem Ungemach schippern sie an der Küste entlang und erreichen am 23. September Sara, das heutige kroatische Zadar. Hier hören die entsetzten Pilger, dass zwei Wochen zuvor türkische Truppen im zwei Tagereisen entfernten »Lempach«, wo gerade ein Jahrmarkt stattfand, ein furchtbares Blutbad angerichtet haben. Die anschließende Schlacht mit kaiserlichen Truppen wurde als »Schlacht von Padbina« bekannt. *Die todten leuthe sinndt noch auf der Walstatt gelegen, die Zeit da wir zu Sara gewest sind.*

Sturm und schwere Gewitter halten das Schiff in Zadar fest, was, so dicht vor Venedig, für alle doch recht ärgerlich ist. Trotz allem erreichen sie am St. Michaelistag, dem 29. September, Parenzo, das heutige Poreč in

*Methoni, bei Heinrich Modon genannt, ist eine kleine Hafenstadt
in Messenien am südwestlichen Ende des Peloponnes.
Hier die Brücke zur Festung*

Istrien. Da der Patron sich wegen des Wetters nicht weiterzufahren traut, macht sich Zedlitz mit einigen anderen ungeduldigen Pilgern, die gleich ihm endlich Venedig erreichen wollen, selbständig. Sie chartern einige kleinere Schiffe, die Zedlitz als *Grieppen* bezeichnet, und brechen noch am gleichen Abend auf. Doch selbst jetzt, am Ende der fünfmonatigen Seereise, bleibt den Pilgern nichts erspart. Aber hören wir Ritter Heinrich selbst: *Also ist die nacht der Windt gros an uns kommen, und wir haben uns anders nicht gedocht, der windt wort uns gar umbwerffen und alle ertruncken, do wir dann viel darumb gegeben hätten, dass wir nicht auf die Grieppen kommen wern. Also half uns der Allmechtige Got, das wir mit dem Tag ankommen zu Sankt Nicolai in ein Kloster, eine welsche Meile von Venedig, do wir dann Messe liessen halden zu dancksagung dem Allmechtigen Gote und dem Heiligen Sankt Nicolai, das wir dohin ohne schaden kommen unnd unertruncken.* Wie heißt es doch so schön: Wer das Beten lernen will, der fahre zur See! Die Pilger retten sich also auf die Insel mit dem St. Nikolaus-Kloster und stiften eine Dankmesse zu Ehren des Schutzheiligen der Seefahrer.

In Venedig hören sie am nächsten Tag, dass zwei weitere Edelleute, Kunz von Rosenberg und Kunz von Maltitz, die auf dem Schiff des Herzogs von Sachsen gefahren waren, gestorben sind, während andere mit Typhus im Hospital liegen. Am 1. Oktober *sindt wir Pilger zum bade gegangen und uns gereinigt.* Heinrich hält dieses Ereignis für erwähnenswert, und man kann ihm nachfühlen, welche Wohltat es für ihn gewesen sein muss, war es doch wohl das erste Bad seit dem Jordan!

Nachdem am 2. Oktober auch die übrigen Pilger und der Patron Venedig erreicht haben, ereignet sich am 3. Oktober etwas, das es wert ist, im Originaltext wiedergegeben zu werden: *Item am Dornstage sind wir Pilger vor den Herzogk* [den Dogen] *von Venedig gegangen und unsseren Patron mite genohmen, do dem Herzogk gedanckt, das uns von ihm ein guter Patron gegeben worden ist, der sich eidlich und frommlich gegen die Pilger gehalten hat unnd die Pilger wol gefuhrt unnd ihnen alles gutes getan hat. Hat der Herzogk geantwortet, er hort es gerne, das es unns gelugselig und wol gegangen hette, und was er uns allen mochte guts getun.*

Eine derartige Audienz scheint nicht zum normalen Ablauf einer solchen Reise gehört zu haben, offenbar bestand hier der allgemeine Wunsch, den Dank an den wackeren Patron auch vor der höchsten Autorität der Seestadt laut werden zu lassen.

In Venedig hält der Herbst Einzug. Die Absicht, am 4. Oktober nach Treviso zu fahren, um von dort den Heimritt anzutreten, vereitelt ein heftiger Regen, der den ganzen Tag anhält und ihnen auch in den nächsten Tagen noch zu schaffen machen wird. Heinrich nutzt die Verzögerung, um der hl. Helena, deren Spuren er in Jerusalem so nahe war, seinen Dank für ihren Schutz abzustatten. Er mietet sich eine Barke, lässt sich zum Inselkloster St. Helena übersetzen und stiftet ihr eine Messe, zum Dank dafür, *das sie mir gelugseliglich her wieder geholfen hat.* Am Nachmittag des 5. Oktober führt er trotz miserablen Wetters zusammen mit den »böhmischen Herren« auf Barken nach Mestre. Dabei muss er erleben, wie vor ihnen zwei Barken untergehen *und bey achtzehn oder mehr Menschen ertrinken.* Die Herren übernachten in Mestre, hören am Sonntagmorgen die Messe, mieten einen Wagen und fahren nach Treviso, *do wir unnsser Pferde hatten*. Da Heinrich nichts Näheres darüber schreibt, dürften er und List ihre Pferde wohlbehalten vorgefunden haben.

Heimritt mit Hindernissen

Montag, den 7. Oktober, nach der Frühmesse in der Wallfahrtskirche, besteigen Heinrich und sein Knecht ihre Rösser, um nun endlich heim zu reiten. Sie ahnen nicht, welche Hindernisse und Gefahren in den nächsten Tagen auf sie zukommen. Heinrich plant einen Abstecher nach St. Wolfgang, einem der damals bedeutendsten Wallfahrtsorte in Europa. Da er dazu einen anderen Weg nehmen muss als die meisten seiner Reisegenossen, verabschiedet er sich vor der Stadt von den *Grafen, Bemischen Herren und guthen leuten*. Für einige Tage werden sie nur noch von zwei Herren von Hornfeld (Hohenfeldt?), »dem Mautener« und einem Herrn von Sparnacker begleitet. Sie folgen der Straße, auf der sie ein halbes Jahr zuvor nach Venedig geritten sind, lassen sich von einer Fähre über die Piave – *eyn gros wasser* – setzen, kommen durch Conegliano und stehen noch vor dem Abend bei Pordenone am völlig überfluteten Tal des Noncello. Der schon erwähnte Dauerregen der letzten Tage hat einige aus den Alpen kommende Flüsse weit über ihre Ufer treten lassen. Da die halbe Stadt unter Wasser steht, warten sie einen Tag in der Hoffnung, dass ein Weiterreiten möglich wird. So werden sie Zeugen

Venzone (furlanisch Vencon, slowenisch Pusja ves, deutsch Peuscheldorf) liegt am Eingang des Kanaltals in der

einer Hochwasserkatastrophe mit offenbar erheblichem Sach- und Personenschaden. Heinrich schreibt: *ein stadt war ertrenckt mit viel Volcke unnd das den Leuten grossen Schaden getan hate, das sie vor niehe gedocht solchen schaden.*

Am folgenden Tage heuern sie einen Ortskundigen an, der ihnen voranreitet und einen Weg durch die Wasserwüste zeigt: *er schwemmte durch das wasser, und do schwemmetin wir anderen annoch und musten den tagk in viel wasser raiten unnd auff die Nacht riten wir gen Sanctificat.* Sie kommen also bis San Vito und bleiben dort die Nacht über. Am 9. Oktober führt sie der Weg nach Gemona durch die vom Hochwasser des Tagliamento überschwemmte Ebene. Hinter Venzone, das sie am 10. Oktober passieren, teilt sich die Straße. Hier biegen sie von ihrem Hinweg, der nach Villach führen würde, ab

*Region Friaul-Julisch Venetien in Italien. Große Teile der
Stadtbefestigung sind erhalten.*

und wählen die linke Straße, die über Tolmezzo, Paluzza
und das Val di San Pietro über den Plöckenpass nach
Kötschach führt. Heinrich, der sich vor der Reise offenbar sehr gut informiert hatte, weiß, wie er nach St. Wolfgang kommt. Doch noch ist es nicht so weit. Gerade an
diesem 10. Oktober werden er und List dem Tode nahe
sein. Bei Tolmezzo kommt die kleine Reisegruppe erneut
*an ein gros Wasser, das do gar schnelle flus unnd gieng in
dreyen stremen, wir wusten alle keyne Furtt.* Hier tref-
fen zwei Alpenflüsse zusammen und teilen sich in der
Talaue in mehrere Arme. Zedlitz vertraut seinem starken
Pferd und sucht eine Furt. Es gelingt ihm, den ersten der
drei Ströme zu überqueren – *List mir nach* –, während
die Reisegefährten noch zögern, ihnen zu folgen. Als
Zedlitz und List versuchen, auch den zweiten Strom an
einer seichten Stelle zu durchreiten, *kam das wasser also*

*starck und nahm Listen und mich furt, uns beide mit Pfer-
den mit al dohin.* Die Gefährten sehen das Drama vom
Ufer aus, können nicht helfen und kehren um. Zedlitz
und List *ruffenn beyde den Allmechtigen Got an, das uns
Got beyden helf an das enden über das Wasser. Idoch halff
uns Got hinaus, und wir riten an das Wasser hinuffe.* Als
sie glücklich das Ufer erklettert haben, kommt ein Bauer,
dem sie Geld geben, damit er ihnen eine Furt zeige. Der
Bauer tut es, er reitet auf Heinrichs Pferd *durch einen
guten Furt* und ermöglicht nun auch den Reisegefährten
die Durchquerung des Flusses. Zwar lebend, wenn auch
sicher klatschnass erreichen die Gefährten am Abend
das Dorf Timau, eine deutsche Sprachinsel, die um 1500
noch den Namen Tirschelwang führte. Sie liegt in 830
Meter Seehöhe *unterm Creuzberge*, wie der Plöckenpass damals hieß. Noch heute trägt er den italienischen
Namen »Passo di Monte Croce Carnico«, also »Pass des
Kärntner Kreuzberges«. In einer Taverne wird übernachtet. Am 11. Oktober reiten die Genossen über den 1360
Meter hohen **Creuzbergk**, damals ein *hoher steinichter
bergk, wo kein wagen geht, den die Pferde an etlichen
Enden uff und nieder steigen musten als die Treppen, und
kamen den tag gen Trapurck* (Oberdrauburg), *ein stadt
ist des Keissers, leit an der trage* (Drau). Der Plöckenpass,
den man heute gemächlich mit dem Auto überquert,
eine uralte Römerstraße, war damals ein recht abenteu-
erlicher Alpenübergang. Er bildete überdies die Grenze
zwischen der »Republik Venedig« und »des Keissers«
Herzogtum Kärnten. Es geht nun das Tal des Valentin-
baches hinunter ins Gailtal und über den Gailbergsattel
nach Oberdrauburg. Sodann das Drautal aufwärts bis

Dölsach kurz vor Lienz. Dort biegen die Reiter nach Norden ab und erreichen Iselsberg. Trotz der gewiss zeitraubenden und vor allem für die Pferde mühsamen Kletterei am Plöckenpass schaffen die Reiter die fast fünfzig Kilometer lange Strecke bis zum Abend. Ein letztes Mal macht ihnen ein Fluss das Leben schwer: Die Drau führt Hochwasser. Den Reisenden bleibt nichts erspart: Der reißende Strom hat die Brücke in Oberdrauburg weggerissen, und noch ist nichts repariert. Aber die Kärntner sind freundliche Menschen, sie legen eine Behelfsbrücke aus Brettern über das Wasser, und die Pilger können ihre Pferde vorsichtig hinüberziehen.

Iselsberg liegt heute an der österreichischen Bundesstraße 107, die von Osttirol über die Großglocknerstraße nach Salzburg führt. Damals lag *Eselbergk*, wie Zedlitz schreibt, *in des Groffen von Görz lande*, unterhalb des 1208 Meter hohen gleichnamigen Passes. Der östliche Teil des heutigen Osttirols mit der Stadt Lienz gehörte damals als Exklave zur östlich an die Republik Venedig grenzenden Grafschaft Görz.

Nach einer Nacht in einer *Taberna* reiten die Pilger über den Iselsberg bis Großkirchheim, das heutige Heiligenblut, in die nächste Taverne, *hoch am Raurisser Tauern*. Der Ritt am Sonntag, dem 13. Oktober, über das 2575 Meter hohe Hochtor stellte noch einmal höchste Anforderungen an Mensch und Pferd. Heinrichs Beschreibung dieses Weges ist so anschaulich, dass sie im Originaltext wiedergegeben werden soll: *Item am Sontage sinnt wir den tagk über den Raurisser Tauern gerithen, welchs also ein hoher bergk ist, das es III Meilen hinüber ist. Und ist gar sticklicht [steil] und hoch, das der Schnee doruffe*

lag, das die Pferde in dem Steige gingen bis an die knie,
und wenn eynes aus dem Steige trat, so fiel es ein bis am
bauch, das wir auch leuthe mit unns nehmen musten, die
den schnee mit schauffeln aus dem Steige scharrten, das
wir die Pferde darinen führen konnten.

Wenn der Windt allewege also gros auff dem berge ist,
das der Steig also bald verweet wird, dann Stehen auch
holzer einegepackt neben dem Steige, das man weis, wo
der wegk geeht. Es vorgeehn sich auch offte leuth auf dem
berge, es ist auch solcher boser wegk dorzu raiten, das ich
keynen roten wil, die wege zu raiten. Also blieben wir die
nacht in einer Taberna, heist In der Raueres, wen es unter
dem berge lait. In alle Tabernen haben wir neuen Rainfal
genungk zu trünken gehapt.

Der »Gemsenpfad«, den unsere Pilger an diesem Tag
bewältigen müssen, ist auch heute keine Autostraße.
Über das 2575 Meter hohe Hochtor, das die moderne
Großglockner-Hochalpenstraße berührt, erreichen sie
unter großen Mühen und durch hohen Schnee das in
1527 Meter Seehöhe gelegene, noch heute bestehende
Rauriser Tauernhaus, wo sie nächtigen können. In dem
Hochgefühl, dass nun wohl das Gröbste überstanden
ist, scheinen die frommen Pilger noch einmal ordentlich
zugelangt zu haben, zumal der Abschied naht. Der heu-
rige *Restil* (Rainfal), eine alte italienische Weinsorte, hat
es ihnen dabei offenbar so angetan, dass Heinrich ihn
eigens erwähnt. Höchst befriedigt kann er feststellen:
In alle den Tabernen haben wir neuen Restil genungk zu
trüncken gehabt.

Im Seidelwinkltal geht es am 14. Oktober einen *gar*
steynichten gebirchten bosen wegk abwärts. Über Rauris,

Taxenbach, St. Johann und Bischofshofen kommen sie am Abend bis Werfen, und am 15. Oktober – der Schlesier Zedlitz erwähnt, dass es das Fest der hl. Hedwig, der Schutzpatronin seiner Heimat, ist – erreichen sie Hallein. Hier trennen sich die Wege der sechs Pilger. *Do hab ich mich mit meynen brüdern gesegnet, die beiden Hornfeldir, Mautener und Sparockir, wen sie sindt gen Salzpurgk gerithen und ich zu Sanndt Wolfgang. Also bin ich den tagk noch gerithen bergichten und steinichten Wegk zu Sanndt Jacop.* Zedlitz und sein wackerer Christoph List reiten allein weiter. Da man zwischen Hallein und St. Gilgen vergeblich nach einem Ort »St. Jacob« sucht, kann es sich dabei nur um das Dorf Faistenau handeln. Nachforschungen ergaben, dass dieses an einem der alten Pilgerwege nach St. Wolfgang liegt und eine dem Apostel Jacobus d. Ä. geweihte uralte Kirche besitzt.

Die beiden Schlesier folgen also dem Wiestal, biegen kurz vor Ebenau rechts ab auf den als »Metzgersteig« bekannten *bergichten und steinichten* alten Pilgerweg durch die wilde Strubklamm und erreichen das hochgelegene Dorf Faistenau, das sicher über Pilgerquartiere verfügte. In der Jakobskirche werden sie am 16. Oktober, einem Mittwoch, die Frühmesse besucht haben, ehe sie wieder auf einem *bergichten und steynichten wegk* über Fuschl am See St. Gilgen erreichen.

Heinrich schreibt seltsamerweise nichts von dem atemberaubenden Blick über den Wolfgangsee, der den von Fuschl kommenden Wanderer überrascht: Tief unten liegt St. Gilgen, und der blaue Wolfgangsee, eingerahmt von Schafberg, Falkenstein und Zwölferhorn und begrenzt vom fernen, Mitte Oktober sicher schon

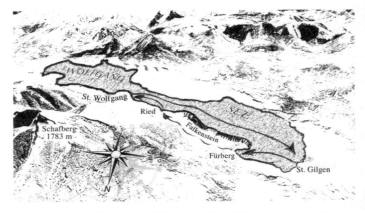

Heinrichs Weg von St. Gilgen nach St. Wolfgang und zurück

schneebedeckten Bergwerkskogel und dem Kainzen, grüßt herauf.

Die Schönheit der Alpen zu entdecken war späteren Generationen vorbehalten. Im Hochgebirge sah man noch lange nur ein lebensfeindliches, gefährliches und unwirtliches Verkehrshindernis. Zedlitz stellt nun in St. Gilgen die Pferde unter, mietet ein *schieff* und lässt sich – diesmal wohl allein – über den See bis Fürberg rudern, um von dort das letzte Stück des Pilgerweges nach St. Wolfgang über den Falkenstein zu Fuß zu bewältigen. Er beschreibt alle durch den Heiligen geweihten Stätten dieses Steigs, wie sie noch heute, nach über fünfhundert Jahren, von Pilgern und Wanderern besucht werden: die Felsenhöhle, in welcher der Einsiedler lebte, damals noch ohne die Kapelle, der *stein, do St. Wolfgang mit eynem stabe uffgestossenn hat, do das wasser hieraus gesprungen ist unnd noch heut des tages fleust* – es fließt tatsächlich bis heute –, vor allem den berühmten höchsten Punkt des

Die Kapelle über der Höhle, in welcher der hl. Wolfgang lebte.
Heinrich besuchte die Stelle am alten Pilgerpfad und beschreibt sie.

Weges, die »Hacklwurfstelle«, von der aus Wolfgang sein
Beil hinabgeschleudert haben soll bis dort, wo dann seine
Kirche erbaut wurde. Nach anderthalb Stunden Fuß-
marsch erreicht Heinrich, *den stiklichten bergk hinabe*
gehend, den See beim heutigen Ried. *Und die weil war*
der schieffner auf dem See umb den Bergk gefahren. Do
bin ich wieder auff das schieff gesessen und zu dem hailigen
Sanndt Wolfgang gefaren und bin gar spete hinkommen
und noch in die Kirche und zu seiner Capellen gegangen. In

*St. Wolfgang heute – Wallfahrtsort des Massentourismus mit
Wolfgangskirche und Weißem Rössl. Letzteres war unter dem Namen
»Kuchlerhaus« seit 1474 Pilgerherberge.*

jener Zeit gab es schon das als »Kuchlerhaus« bekannte
Gebäude neben der Kirche, das heute zum berühmten
»Weißen Rössl« gehört. Es diente schon damals als Herberge für die zahllosen Pilger. Denkbar ist, dass Heinrich
dort genächtigt hat. Am nächsten Morgen, es ist Donnerstag, der 17. Oktober, feiern die vier in St. Wolfgang
lebenden Mönche vom Kloster Mondsee ein Hochamt,
dem Heinrich andächtig beiwohnt und bei dem er sein
Opfer entrichtet. Er beschreibt sehr genau die Zelle
Wolfgangs *harte an der Kirchen* und den Stein mit seinen
tiefen Fußabdrücken. Beides ist heute von einem späteren
Anbau umgeben. Seit fünfhundert Jahren hat sich dort
kaum etwas verändert. Interessant ist die Bemerkung,
dass Votivgaben – *hennde unnd füsse* – von Leuten, die
ihr Gelübde *nicht gehalten habenn, abe gefallen sinndt.*

Und dann steht Heinrich vor Michael Pachers herr-
lichem Altar. Erst zwölf Jahre zuvor war er feierlich auf-
gestellt und geweiht worden. Denkt man an seine Freude

Der hl. Wolfgang aus dem Flügelaltar von
Michael Pacher in St. Wolfgang

über den Schmuck und die prächtigen Kleider der Venezianerinnen, dann erwartet man eigentlich, da er diesen
Altar mit ähnlich begeisterten Worten schildert. Doch
weit gefehlt. Was schreibt er? Dort sei eine *schone Tafel.*
Nichts weiter, nur noch, dass sie *mehr dan 11 Taussent
gulden* gekostet habe.

Am Vormittag ist Heinrich dann *wieder auf das schieff
gesessen* und hat sich nach St. Gilgen zu List und den
Pferden zurückrudern lassen. Dort verbringt er den Rest
des Tages und auch die Nacht. Nach den Strapazen der
letzten Tage haben die Pferde einen Ruhetag verdient.
Vielleicht lässt sich Heinrich, auch wenn er nichts darüber schreibt, doch ein wenig vom herbstlichen Zauber
und dem Frieden dieser schönen Landschaft anrühren,
ehe er und List die letzte Etappe des Heimweges antreten.
In seinem Tagebuch heißt es ganz schlicht: *und bleib den
tagk do.* Auf jeden Fall heißt es jetzt aufbrechen, denn der
Herbst ist vorgerückt, und es ist noch weit bis Liegnitz.

Die letzte Etappe nach Schlesien

Noch ein letztes Mal machen Wasser und Sturm den beiden Reitern zu schaffen. Über den Bergsattel – die alte
Trasse ist jetzt ein Wanderweg neben der neuen Fahr-
straße – erreichen sie Scharfling am Mondsee. Die zum
Teil aus den Felsen gesprengte heutige Straße am Südwe-
stufer gab es damals noch nicht. So müssen sie mit den
Pferden eine Fähre besteigen. Und wieder einmal erfahren die Landratten, dass Wasser keine Balken hat: *Das*

*schieff was nicht gros und war grosser windt und das es
geferlich so ruffe, also half der Allmechtige Got, das ich hinüber kam gen Closter Mansee.* Sie erreichen also trotz hef-
tigen Seeganges Ort und Kloster Mondsee am Nordufer
des gleichnamigen Sees. Ohne Aufenthalt reiten sie weiter bis Straßwalchen. Am 19. Oktober geht es bis Obernberg am Inn. Man gönnt sich keine Ruhepause. Offenbar
nimmt man sich selbst am 20. Oktober, einem Sonntag,
nicht die Zeit zum Besuch der Messe und reitet bis Passau, wo eine Brücke über den Inn führt. *Passau ist eyne
schone feste stadt unnd leit zwischen der Tunau und den
Yyn, do sie beyde zusammen gehn.* Am 21. Oktober geht es
ohne Schwierigkeiten per Fähre über die Donau und weiter nach Freyung im Bayerischen Wald. Am 22. Oktober
*bin ich gerithen uber den Behmer Waldt sechs meilen bosen
wegk gen Winterpergk.* Der Ort heißt heute tschechisch
Vimperk. Nun spürt man förmlich den Stalldrang unserer
beiden Reisenden. An jedem der nächsten acht Tage legen
sie vierzig bis fünfzig Kilometer zurück. Heinrich gibt
keine Kommentare und berichtet nichts mehr über die
einzelnen Orte sondern zählt die Tagesziele nur nüchtern
auf. Es sind: *Sedlitz, Breszin, Wratislau, Limpurgk, Hor-
siz, Trautenau, Landshut* und endlich *Ligniz.* Er schließt
mit den Worten: *Item an der Mitwoch* [30. Oktober] *vor
aller hailigen tage bin ich mit der hülffe Gots kommen gen
Ligniz mit gesundheit den heiliegen wegk vollbracht.* Es
berührt uns eigenartig, da er von Landeshut direkt nach
Liegnitz reitet. Der Umweg über Buchwald hätte ihn
höchstens einen Tag gekostet. Warum drängt es ihn nicht,
zuerst seinen nächsten Angehörigen von seinem großen
Abenteuer zu berichten? Er kann ja nicht einmal wissen,

ob seine hochbetagte Mutter noch lebt. Auf diese Fragen wird es wohl nie eine Antwort geben.

Heinrich fügt seinem Bericht eine Liste von mitreisenden Pilgern an, die vor allem von genealogischem Interesse ist. Einige der aufgeführten Familien bestehen bis heute, andere sind ausgestorben:

+ Friedrich, Herzog zu Sachsen,
+ Christoph, Herzog zu Baiern.

Auf Heinrichs Galee fuhren fünf »Gesellschaften«, *und haben eyne Kuche unnd Tisch mit eynander gehabt.*

Zur böhmischen Gesellschaft gehörten:

+ Herr Hans von Hasensteyn,
+ Wolff, Graffe zu Orlinpergk,
+ Gerzig, herr von Guttenstein,
+ Hans Lentil Obrnizke (Obintzka),
+ Jan Wmlade (Winlade),
+ Nickel Geys (Griss),
+ Frydrych von Reyzensteyn (Reitzenstein),
+ Hainze von Rebiz,
+ Caspar Caplar,
+ Rudolff von Plawniz,
+ Jorge von Czebitz,
+ Christoff List
+ Und ich Heinze Czedliz Ritter etc.

In der zweiten Gesellschaft reisten:

+ Philip, Groffe und herr zu Waldeck,
+ Frydrich, Erzschencke herr zu Limpach,
+ Jorge von Folbergk, Ritter,

- Wolff von Gutenstein, Ritter,
- Jan von Hobistet, Ritter,
- Sigmund von Tungen (Thüngen),
- Jorge Troyzes (Truchsess?),
- Hans Jorge Abrssberger,
- Hennrich Taichaussir (Tannhausser?),
- Wilhelm Wassilir.

Zur dritten Gesellschaft gehörten:

- Bothe, Graf zu Stollbergk,
- Hanss von Stadia, Ritter,
- Ritter Sigmundt Fochss,
- Georg Worm.

Die Mitglieder der vierten Gesellschaft:

- Christoff, Herr zu Hornfeldt,
- Rudloff, Herr zu Hornfeldt,
- Frydrych Mautener, Ritter,
- Dytrich von Sparnöcke (Sparnacker).

Diese vier haben Heinrich Zedlitz auf dem Rückweg bis Werfen in Salzburg begleitet.

Die fünfte Gesellschaft bestand aus:

- Wilhelm von Aferbach (Auerbach?), Ritter,
- Christoff Polennz, Ritter,
- Tomas Schwann.

Er fügt an, dass dies der deutsche Adel in seiner Galee gewesen sei, ohne die Franzosen und Engländer *und andere*. Insgesamt hätten *ein hundert und fünff unnd Achzigk* Pilger Jaffa erreicht.

Zum Abschluss gibt er jedem, der *den Wegn will zihen bas*, den guten Rat, er möge *zerunge genungk* mit auf die Reise nehmen, *denn viel mehr sindt, der den zerunge gebrichtt, denn die ir zu viel haben*. Heinrich schließt seinen Bericht mit dem Satz: *Unnd alhier endet sich das buchlein des hailigen wegis, als ich gezogen bin zum hailigen Grabe.*

Ein paar Jahre später heiratet Heinrich Barbara von Hohberg (später Hochberg), Tochter Konrads von Hohberg, des ersten Besitzers der Burg Fürstenstein aus diesem Geschlecht. Aus der Ehe gehen sieben Kinder hervor. In der Fürstensteiner Schlossbibliothek befand sich auch die durch Heinrich von Zedlitz d. J. anno 1555 verfertigte Abschrift des Reiseberichts seines Vaters, die diesem Buch zugrunde liegt. Erstmals wurde der Text durch Reinhold Röhricht in der »Zeitschrift des Deutschen Palaestina-Vereins« (Band XVII, Leipzig 1894) veröffentlicht. Heinrichs Berichte über seine Wallfahrt veranlassten Herzog Friedrich II. von Liegnitz, 1517 ebenfalls nach Jerusalem zu pilgern. Am 20. März brach er mit größerem Gefolge auf, zu dem auch Heinrichs Vetter Otto III. von Zedlitz auf Parchwitz gehörte.

Am 4. Juni 1510 beendet Heinrich von Zedlitz, Ritter des Heiligen Grabes, seine irdische Pilgerfahrt. In Striegau, in der Peter-Paul-Kirche der Johanniter, deren Ordensstaat er auf Rhodos selbst gesehen, bewundert und beschrieben hatte, findet er vor dem Hochaltar seine letzte Ruhestätte. Sein Epitaph ist nicht erhalten. Die von Heinrich benutzte lederne, mit Silber eingelegte Pilgerflasche und sein Pilgerstab jedoch wurden noch lange

auf Schloss Buchwald aufbewahrt. Als dieses nach zwei-
hundert Jahren zedlitzscher Herrschaft 1573 in andere
Hände übergeht, kommen die beiden Familienstücke in
das zedlitzsche Stammschloss Neukirch an der Katzbach.
Während der Pilgerstab später verloren ging, befand sich
die Flasche bis zur Versteigerung 1930 in Schloss Neukirch. Ihr späterer Verbleib ist unbekannt.

Anhang

Reiseroute mit Angabe der Zielorte und Entfernungen

Datum	Orte	Meilen	Bemerkungen
01.04.	Buchwald	VII	Ü.
02.04.	Trautenau/Trutnov	III	Ü.
03.04.	Reichenau/Rychnov	VII	Ü.
04.04	Zwittau/Svitavy	VI	Ü.
			Knechte nach Haus geschickt.
05.04.	Lettowitz/Letovice	III	Ü. bei Herrn v. Czernin
06.04.	Brünn/Brno	V	Ü.
07.04.	Brünn/Brno		Ruhetag
08.04.	Nikolsburg	V	Ü.
09.04.	Mistelbach		
	Wolkersdorf	VI	Ü. bei H. Dobisch v. Czyrnehow
10.04.	Wien	III	Ü.
11.04.	Wiener Neustadt	VIII	Ü.
12.04.	Neuenkirchen, Schottwien, Semmering, Mürzzuschlag	VI	Ü.
13.04.	Kindberg, Bruck a. d. M.	VI	Ü.
14.04.	Leoben, Knittelfeld	VI	Ü.
15.04.	Judenburg, Neumarkt	VII	Ü.
16.04.	Friesach, Althofen, Sankt Veit a. d. Glan	VI	Ü.
17.04.	Villach	VI	Ü.
18.04.	Pontafel (Pontebba)	VI	Ü.
19.04.	Beuscheldorf/Venzone, Spital/Spedale	V	Ü.
20.04.	Gemona, San Daniele, Spilimbergo, San Vito	VI	Ü.

Datum	Orte	Meilen	Bemerkungen
21.04.	Sacile, Conegliano	IV	Ü.
22.04.	Conegliano		Ruhetag, Welsches Turnier
23.04.	Treviso		Quartier »Dt. Haus«
24.04.	Venedig		Ü. Vigil v. St. Markus
25.04.	Venedig		St. Markus-Fest
26.04.	Venedig		Stadtbesichtigung
27.04.	Venedig		Ritt nach Treviso
28.04.	Treviso		
29.04.	Venedig		zurück nach Venedig
30.04.	Venedig		Verhandlung wg. Schiff
01.05.	Venedig		Sta. Lucia
02.05.	Venedig		Besichtigung Dogenpalast
03.05.	Venedig		Vertrag mit Contarini
04.05.	Venedig		
05.05.	Venedig		etliche Closter u. Kirchenb esehen
06.05.	Venedig		
07.05.	Venedig		Audienz beim Dogen
08.05.	Venedig		Klöster besichtigt
09.05.	Venedig		Besteig. d. Markusturms
10.05.	Venedig		Besichtigung d. Schiffes
11.05.	Venedig		Besuch d. Liebfrauenkirch
12.05.	Venedig		Besuch S. Giorgio
13.05.	Venedig		Besuch Sta. Elena
14.05.	Venedig		Staatsbesuch d. Herzogin von Mantua
15.05.	Venedig		Vigil v. Christi Himmelf.
16.05.	Venedig		Vermählung m. d. Meer
17.05.	Venedig		Jahrmarkt Markusplatz
18.05.	Venedig		Hafen
19.05.	Venedig		

Datum	Orte	Meilen	Bemerkungen
20.05.	Venedig		
21.05.	Venedig		
22.05.	Venedig		S. Nicolai
23.05.	Venedig		Besuch v. Murano
24.05.	Venedig		Einkauf v. Esswaren u. Wein
25.05.	Venedig		Transport zum Schiff
26.05.	Venedig		Pfingsten. Empfang der Sakramente
27.05.	Venedig		Staatsbesuch Rallye
28.05.	Venedig		Staatsbesuch Rallye
29.05.	Venedig		Staatsbesuch Rallye
30.05.	Venedig		Ball im Dogenpalast Fahrt zur Galee
31.05.	Venedig		Galee noch vor Anker
01.06.	auf See		Galee sticht in See
02.06.	Parenzo	X	
03.06.	auf See		
04.06.	auf See		
05.06.	auf See		
06.06.	Zara		Besuch d. Grabes des hl. Simeon
07.06.	Zara		»den tag do pliben«
08.06.	Biograd		
09.06.	Lesina		Closter Angelorum
10.06.	Lesina		Wegen Sturm zurück
11.06.	Curzola		
12.06.	Ragusa		Tribut an Türken
13.06.	?		
14.06.	Vlore		
15.06.	Kassiopa, Butrinto		Korfu
16.06.	Korfu		
17.06.	auf See		
18.06.	Santa Maura u. Kefalonia		
19.06.	Castel Turnesi		

Datum	Orte	Meilen	Bemerkungen
20.06.	Velindew?		
21.06.	Methoni		
22.06.	auf See		
23.06.	Eine türkische Insel ?		
24.06.	Morea, Cerigo		
25.06.	Kreta		
26.06.	Kreta		auf Kreta
27.06.	auf See		
28.06.	Rhodos		
29.06.	Rhodos		auf Rhodos
30.06.	auf See		
01.07.	auf See		
02.07.	auf See		
03.07.	Baffa auf Zypern		
04.07.	Limassol auf Zypern		
05.07.	auf See		D. Hl. Land kommt i. Sicht
06.07.	Jaffa		vor Anker
07.07.	Jaffa		
08.07.	Jaffa		

Datum	Orte/Bemerkungen
09.07.	Jaffa, die Kranken kommen in das »wüste Gewölbe«.
10.07.	bis 17.07. Zwangsaufenthalt auf dem Schiff.
17.07	u. 18.07. Zeremonie beim »Herrn von Gessro«.
19.07.	Abmarsch aus Jaffa, Ramla.
20.07.	u. 21.07 Rama.
24.07.	Jerusalem.
	bis 31.07.: Jerusalem, Jordan, Bethlehem
31.07.	Befohlener Rückmarsch nach Ramla.
31.07	bis 07.08. Zwangsaufenthalt in Jaffa.
07.08.	Die Galee sticht endlich in See.
10.08.	Zypern. Proviant und Holz wird gebunkert.

12.08. Zypern. Dankmesse für Bewahrung in Gefahr.

13.08. auf hoher See. 16.8.: Begegnung mit Seeräubern.

21.08. Rhodos. Nachricht vom Tode Herz. Christoph v. Baiern und der Herren Wilhelm v. Einsiedel, Grenssingh und v. Adelmann. Aufenthalt.

25.08. Weiterreise.

28.08. Kreta. Caspar Zedwiz gestorben, Rudolf v. d. Planitz u. und George Worm fahren krank auf Zedlitz's Galee mit.

31.08. Weiterfahrt auff die nacht.

03.09. ... haten wir keynen windt unt schwumen do auf dem lichten Meer.

08.09. Modon. Zwangsaufenthalt wegen ungünstiger Winde.

10.09. Weiterfahrt.

11.09. Sturm.

12.09. ... jagte uns der windt auf dem Meer hin und Wieder und wollde uns doch den rechten weg nicht lossen. Danach Windstille.

14.09. Endlich gutten windt. Weiterfahrt.

16,09. Korfu.

17.09. ... auf das lichte wilde Meer, nichtes dann wasser.

19.09. Auf der Höhe von Ragusa.

20.09. Man passiert Corzuola und erreicht Lesina (Hvar).

21.09. In einer Meerenge liegt die Galee in der Nacht still.

22.09. Man passiert Sebenico und wirft Anker.

23.09. Zara. Nachricht vom türk. Massaker in »Lempach«.

24.09. Zara.

25.09. Weiterfahrt, Sturm, Umkehr, die Nacht über in Zara.

26.09. Weiterfahrt, kein Wind, Anker geworfen.

27.09. und 28.09. Schwerer Sturm

29.09. Parenzo. Grieppen gemietet, Überfahrt nach Venedig.

30.09. Von San Nicolo nach Venedig. Nachricht vom Tode der Pilger Kunz von Rosenberg und Kunz von Maltitz.

30.09. bis 05.10. in Venedig.

05.10. Überfahrt nach Mestre. Schiffsunglück, Unwetter. Übernachtung in Mestre.

06.10. Treviso. Pferde abgeholt.

07.10. Pordenone. Hochwasser.

08.10. San Vito. Hochwasser.

09.10. Gemona. Hochwasser.

10.10. Venzone. Hochwasser. Timau

11.10. Über den Plöckenpass (Monte Croce). Bis Iselberg.

12.10. Kirchheim (Heiligenblut).

13.10. Über die Rauriser Tauern (Hochtor), hoher Schnee. Bis
        zum Rauriser Haus.

14.10. Werfen.

15.10. In Hallein: Abschied von den letzten Gefährten. Weiterritt
        nach Faistenau.

16.10. St. Gilgen, weiter mit Schiff und zu Fuß über den Falken-
        stein nach St. Wolfgang.

17.10. In St. Wolfgang, mittags zurück mit Schiff nach Sankt
        Gilgen. Dort geblieben.

18.10. Über den Mondsee nach Strasswalchen.

19.10. Obernberg.

20.10. Passau.

21.10. Freyung.

22.10. Über den Böhmerwald nach Winterberg (Vimperk).

23.10. Sedlitz-Strakonitz.

24.10. Breznitz/Breznice.

25.10. Kloster Königssaal/Zbraslaw.

26.10. Über Prag nach Nymburk.

27.10. Horsitz/Horice.

28.10. Trautenau.

29.10. Landeshut.

30.10. Liegnitz.

Von Heinrich benutzte Worte,

die der Mundart ähneln, die bis 1945 in Niederschlesien gesprochen wurde

Heinrichs Bericht	Schlesisch	Hochdeutsch
sein	sein	sind
nonde, noende	noonde	nahe
mitte	mitte	mit
am Sonnobende	am Sonnobende	am Sonnabend
nie	nie	nicht
gedocht	geducht	gedacht
genungk	genung	genug
roten	roaten	raten
offte	uffte	oft
die bane	die Bahne	die Bahn
gewest	gewest	gewesen
seind	sein	sind
Bemen	Behmen	Böhmen
inne	inne	innen
blo	blo	blau
do	do	da
gesatzt	gesatzt	gesetzt
droffe	druff(e)	drauf
furt	furt	fort
hinuffe	nuff	hinauf
daruffe	druff	darauf
annoch	anooch	hinterher
derno	derno	danach
Seiger	Seeger	Uhr (Wanduhr)

Stammtafel des Ritters Heinrich von Zedlitz

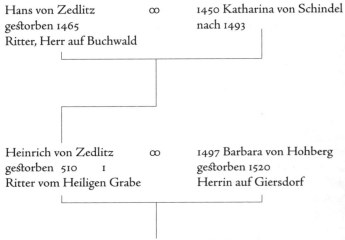

Hans von Zedlitz ∞ 1450 Katharina von Schindel
gestorben 1465 nach 1493
Ritter, Herr auf Buchwald

Heinrich von Zedlitz ∞ 1497 Barbara von Hohberg
gestorben 510 I gestorben 1520
Ritter vom Heiligen Grabe Herrin auf Giersdorf

Sieben Kinder, darunter Christoph von Zedlitz, Ritter, gest. 1533
1529 – Mitbefreier Wiens im Türkenkrieg

Biographische Notizen über
Ritter Heinrich von Zedlitz,
den Jerusalempilger

Heinrich von Zedlitz wird etwa 1450 auf der Wasserburg Buchwald im schlesischen Riesengebirge geboren, die von 1379 bis 1573 über sechs Generationen im Besitz derer von Zedlitz war, einer seit 1190 urkundlich nachweisbaren Familie des schlesischen Uradels. Heinrichs Eltern sind Hans von Zedlitz auf Buchwald (gest. etwa 1460) und dessen Gemahlin Katharina geb. von Schindel (gest. nach 1493). Heinrich ist das dritte von sieben Kindern.

Er tritt in die Dienste Herzog Friedrichs I. von Liegnitz-Brieg, der ihn 1476 mit der Herrschaft Strachau bei Strehlen belehnt. 1481 wird Heinrich Hofmeister von König Matthias Corvinus von Ungarn und Böhmen. Dieser bestätigt Heinrich und seinen Brüdern als Landesherr von Schlesien „in Ansehung von Heinrichs Diensten gegen die Türken die Buchwalder Privilegien, einschließlich der Erzgewinnung in den Bergen".

Diese kurze Bemerkung zeigt, dass Heinrich wie viele Schlesier – nicht zuletzt später sein eigener Sohn Christoph – sich aktiv an den Abwehrkämpfen gegen die Türken beteiligt. Sultan Mohammed II. Hatte am 29. Mai 1453 nach zweimonatiger Belagerung Konstantinopel eingenommen, danach Bosnien und Herzegowina. Am Feldzug von König Matthias zur Rückeroberung der bosnischen Hauptstadt Jaize nehmen Heinrich und sein ältester Bruder Peter teil.

Am 28. Juli 1488 schlägt Heinrich als Hauptmann des Haynauer Landes im Glogauer Erbfolgekrieg das weit überlegene böhmische Heer bei Thomaswaldau. Im gleichen Jahr stirbt Herzog Friedrich I. von Liegnitz. Heinrich tritt 1492 als Schlosshauptmann von Liegnitz in die Dienste von Friedrichs Witwe, der Regentin Ludmilla.

Am 1. April 1493 begibt er sich zusammen mit seinem Diener Christoph List auf eine Pilgerreise nach Jerusalem, wo er zum Ritter des Heiligen Grabes geschlagen wird. Allerheiligen desselben Jahres kehren beide wohlbehalten nach Liegnitz zurück. Sein ausführliches Tagebuch bewahrte die Schlossbibliothek Fürstenstein.

Etwa 1497 heiratet Heinrich Barbara von Hohberg, Tochter Konrads von Hohberg, des ersten Besitzers von Schloss Fürstenstein aus diesem Geschlecht, und der Katharina von Reibnitz-Girlachsdorf. Sieben Kinder gehen aus der Ehe hervor, darunter Christoph von Zedlitz, der sich 1529 bei der ersten türkischen Belagerung Wiens hervortut.

Heinrich stirbt am 4. Juni 1510 und wird vor dem Hochaltar der Johanniterkirche St. Peter und Paul in Striegau beigesetzt. Seine Witwe heiratet 1513 in zweiter Ehe den Grafen Wenzel von Schaffgotsch auf Fischbach. Der letzte der 24 direkten Nachkommen Heinrichs, sein Ur-Ur-Enkel Hans Christian von Zedlitz, stirbt am 9. November 1622 und wird wie sein Ahnherr in Striegau beigesetzt.

Zur Geschichte derer von Zedlitz

1190 wurden die Brüder Heinrich und Otto von Zedlitz urkundlich erstmals erwähnt. Ihre Heimat war die Wasserburg Zedlitz in Thüringen. 1275 suchte sich Dietrich von Zedlitz eine neue Heimat in Schlesien. Er heiratete dort Jutta von Czirn aus schlesischem Adel. Dieser Ehe entstammten neun Söhne, die als Ritter, Burggrafen, Heerführer und Kanzler im Dienste der schlesischen Piastenherzöge standen. Sie begründeten die verschiedenen Linien des Geschlechtes, die bis 1945 die Geschichte nicht nur ihrer Heimat Schlesien wesentlich mitgestalteten.

In den sieben Jahrhunderten, in denen die Zedlitze in Schlesien beheimatet waren, zählten etwa vierhundert Burgen, Schlösser und Rittergüter zeitweilig zu ihrem Besitz. Daneben hatten sie Besitzungen in Brandenburg, Sachsen, Bayern, Böhmen, Pommern, Ostpreußen, Österreich und Ungarn. Zwei Linien blühten in Schweden und in Norwegen, eine im Elsass und eine in Polen.

Die Herrschaft Neukirch am Fluss Katzbach in Niederschlesien, einer ihrer Stammsitze, war von 1319 bis 1945 in zedlitzschem Besitz. Unter dem Schlossherrn George von Zedlitz wurde hier 1518 der erste lutherische Gottesdienst in Schlesien gehalten. Als Vater von 36 ehelichen Nachkommen ging George von Zedlitz als »George der Fruchtbare« in die Familiengeschichte ein.

1465 trat erstmals ein Familientag zusammen. Auf der Wasserburg Parchwitz bei Liegnitz gründeten 32 Vettern von Zedlitz einen Geschlechtsverband, der bis heute besteht. Als Ritter des Deutschen Ordens kämpften Zedlitze in der Schlacht von Tannenberg 1410 und verteidigten im 16. und 17. Jahrhundert das christliche Abendland gegen die türkischen Invasoren.

Zur Unterscheidung nannten sich die verschiedenen Zweige und Linien nach ihren Stammsitzen. Davon blühen heute noch: die Grafen von Zedlitz und Trützschler, die Freiherren von Zedlitz und Leipe und die Freiherren von Zedlitz und Neukirch.

Im Ersten Weltkrieg fielen dreizehn, im Zweiten sieben Zedlitze. Im Jahre 2009 lebten 94 Angehörige des Geschlechtes in Deutschland, Spanien, Frankreich, Schweden und den USA.

1945 befanden sich sechzehn Rittergüter, zehn Schlösser und eine Höhenburg in zedlitzschem Besitz. Durch Vertreibung und Enteignung wurden ihnen sämtliche Besitzungen in der schlesischen Stammheimat genommen. Wie alle Heimatvertriebenen schufen die Zedlitze sich im Westen neue Existenzen. Sie versuchen auch in der Zerstreuung den Zusammenhalt und die alten Traditionen in die Zukunft zu retten.

Ihr Wappen, als sichtbares Zeichen der Zusammengehörigkeit, das noch heute auf vielen Hunderten schlesischer Grabsteine und Denkmäler von ihrer achthundertjährigen Geschichte zeugt, zeigt in einem roten Schild eine silberne Gürtelschnalle (»Schwertgurtschnalle«) mit gebrochenem Dorn. Der Helm mit rot-silbernen Decken trägt zwei silberne Adlerflügel, die mit Blutstropfen besprengt sind.

Benutzte Literatur

Reinhold Röhricht: Die Jerusalemfahrt des Heinrich von Zedlitz
(1493). In: Zeitschrift des Deutschen Palaestina-Vereins. Leipzig
1894. Kraus Reprint, Nendeln/Liechtenstein 1968

Bernhard von Breydenbach: Die Reise ins Heilige Land.
Übertragung und Nachwort von Elisabeth Geck. Wiesbaden
1977. (vor allem Abbildungen)

Gute Reise – Gute Fahrt. Kleine Kulturgeschichte des Reisens.
Zusammengestellt von Erhard D. Jacob. München 1969

Robert Freiherr von Zedlitz und Neukirch: Das Geschlecht der
Herren, Freiherren und Grafen von Zedlitz in Stammtafeln.
Berlin 1938

Eberhard Freiherr von Zedlitz und Neukirch: Die Zedlitze und
ihre Heimat. Glatz i. Schl. 1925

Katalog der Versteigerung von Schloss Neukirch a. K. am 17. u.
18. Juni 1930 durch Kunstauktionshaus Rud. Elsas, Berlin

Venedig. Praktischer Führer in Farben. Venezia 1965

Hermann Teifer: Israel. Zürich und München 1981.

Polyglott-Reiseführer Jerusalem, München 1972

Joan Blaeu, Atlas Maior – Germania, Austria et Helvetia, Reprint
Hongkong o. J.

Schedelsche Weltchronik von 1493. Reprint

Viele mündliche und schriftliche Hinweise zu St. Wolfgang
verdanke ich Herrn Dr. Peter Pfarrl, St. Wolfgang am See.

Frau Dr. Angelika Marsch, Hamburg, verdanke ich nicht nur viele
wertvolle Literaturhinweise.